FAMOUS FIRST BUBBLES
The Fundamentals of Early Manias

Peter M. Garber

[美] 彼得·加伯 著

陈小兰 译

著作权合同登记号　图字:01-2015-0611
图书在版编目(CIP)数据

泡沫的鼻祖:早期金融狂热的基本面/(美)彼得·加伯著;陈小兰译.—北京:北京大学出版社,2018.7
ISBN 978-7-301-29389-8

Ⅰ.①泡… Ⅱ.①彼… ②陈… Ⅲ.①泡沫经济—研究 Ⅳ.①F014.82

中国版本图书馆 CIP 数据核字(2018)第 039757 号

Famous First Bubbles: *The Fundamentals of Early Manias*, by Peter M. Garber
© 2000 Massachusetts Institute of Technology
Chinese (Simplified Characters) Copyright © 2018 by Peking University Press
ALL RIGHTS RESERVED

书　　　名	泡沫的鼻祖:早期金融狂热的基本面 PAOMO DE BIZU: ZAOQI JINRONG KUANGRE DE JIBENMIAN
著作责任者	〔美〕彼得·加伯　著　陈小兰　译
责任编辑	柯　恒　陈晓洁
标准书号	ISBN 978-7-301-29389-8
出版发行	北京大学出版社
地　　　址	北京市海淀区成府路 205 号　100871
网　　　址	http://www.pup.cn　http://www.yandayuanzhao.com
电子信箱	yandayuanzhao@163.com
新浪微博	@北京大学出版社　@北大出版社燕大元照法律图书
电　　　话	邮购部 62752015　发行部 62750672　编辑部 62117788
印　刷　者	涿州市星河印刷有限公司
经　销　者	新华书店
	787 毫米×1092 毫米　32 开本　5.25 印张　88 千字 2018 年 7 月第 1 版　2018 年 7 月第 1 次印刷
定　　　价	32.00 元

未经许可,不得以任何方式复制或抄袭本书之部分或全部内容。
版权所有,侵权必究
举报电话:010-62752024　电子信箱:fd@pup.pku.edu.cn
图书如有印装质量问题,请与出版部联系,电话:010-62756370

目 录

致 谢 　　　　　　　　　　　　　　　　001
前 言 　　　　　　　　　　　　　　　　003

第一章　泡沫解释

几个词汇的含义 　　　　　　　　　　　009
著名的泡沫 　　　　　　　　　　　　　019

第二章　郁金香狂热的传说

1　政治和经济背景 　　　　　　　　　　026
2　郁金香狂热的传统意象 　　　　　　　030
3　郁金香狂热的传说出自何处 　　　　　033
4　政府当局对期货市场和买空卖空的态度：
　　小册子的来源 　　　　　　　　　　037
5　淋巴腺鼠疫 　　　　　　　　　　　　041
6　染病的郁金香 　　　　　　　　　　　044

7	1634—1637年的球茎市场	048
8	这些数据的某些特征	053
9	崩溃后的郁金香价格	065
10	以后各世纪郁金香球茎的价格	070
11	这一事件是一种"郁金香狂热"吗？	079

第三章　巨型泡沫

12	绪论：密西西比泡沫和南海泡沫	091
13	约翰·劳以及密西西比泡沫和南海泡沫的基本面	095
14	约翰·劳的金融动作	098
15	密西西比泡沫市场基本面新解	107
16	劳的阴影：南海泡沫	110
17	南海金融操纵	114
18	南海公司的基本面	120
19	结　论	122

附录Ⅰ　大众作品和经济学作品中的郁金香狂热	127
附录Ⅱ　17世纪郁金香价格数据资料	133
注　释	145
参考文献	149
索　引	155

致 谢

本书是我多年来研究早期泡沫思想的成果。它主要由两篇论文——《郁金香狂热》(《政治经济学杂志》,1989年)、《泡沫的鼻祖》(《经济瞭望杂志》,1990年)——以及《谁在郁金香泡沫中植入了疯狂?》[《崩盘与恐慌:历史的教训》(E. White, ed., *Crashes and Panics: The Lessons From History*, 1990)中的一章]组成。在此,我要感谢罗伯特·弗勒德、赫舍尔·格罗斯曼、罗伯特·赫德利克、萨利赫·内弗茨、斯图尔特·帕金森、大卫·里巴、鲁迪·多恩布什以及詹姆斯·佩克的有价值的讨论;感谢奎都·因本斯给予的研究资料的帮助;感谢玛丽娜·范·多根和克拉斯·巴克斯的翻译,他们的工作使我受益匪浅。哈佛霍顿图书馆、克雷斯图书馆、阿诺德植物园的图书馆、格雷标本馆的图书馆以及马萨诸塞州园艺协会的图书馆,上述机构的管理员们提供了有价值的指导。《政治经济学杂志》的乔治·斯蒂格勒为本书对郁金香狂热的研究和本书的出版提供了广泛的编辑意见;《经济瞭望杂志》的约瑟夫·斯蒂格利茨、蒂莫西·泰勒及其他几位审阅本书和杂志的工作人员也提出了富有启发的建议。我还从来自布朗大学、联邦储备委员会、纽约城市大学、哥伦比亚大学、夏洛特皇后大学、加州大学洛杉矶分校、麻省理工学院、国际货币基金组织和西北大学的参与者的评论中获益良多,在此一并表达我由衷的谢意。

前 言

泡沫位于金融学、经济学和心理学的结合处。对大规模的资产价格运动的最新解释,倾向于将心理学排在第一位,这不仅受到惨淡的过去所发生的事件的影响,而且受到在1997年、1998年和1999年这些危机年份里发生的大多数事件的影响。然而,本书将要揭示的证据表明,至少早期产生的泡沫是由基本面因素驱动的,它们源自金融学与经济学这些更基本因素的结合处,心理学因素不过是其背景而已。

本书讲述的是三大最著名的泡沫——荷兰郁金香狂热、密西西比泡沫和南海泡沫——它们均被看作是私人资本市场疯狂的范例。本书所持的观点则相反:

——郁金香狂热中珍稀球茎价格的飙升,正如其价格的快速下滑一样,在新开发的品种中,这是市场的一种标准特性;而在大多数人的叙述中,这种价格被过分强调,作为这次疯狂事件首要而确凿的证据。

——即便是现在,珍稀球茎品种的价格也相当于一所质地上佳的房子的价格。

——经济灾难与荷兰郁金香狂热的结束几乎没有什么联系。

——我们现在所了解的郁金香狂热事件,主要是由荷兰政府发动的一次道德运动所造成的结果。

——在1637年荷兰阴郁的冬天,人们对普通的郁金香球茎的投机现象持续了一个月。狂欢就在各种各样的酒馆里举行,它发生在鼠疫大规模爆发期间,且没有产生实质性影响。

——密西西比泡沫是一次大规模的印刷纸币事件,以及政府用发行股票来偿还债务的交易活动。

——南海泡沫也是一次用发行股票来偿还债务的活动,虽然理由没有那么充分。

——前述两次泡沫事件均是由政府高层官员发起或支持的场面壮观的宏观经济阴谋,它们得到英国和法国政府的力挺。

——然而,它们现在被当成是需要政府控制和规范的私人金融市场中可能产生疯狂事件的典型案例。

第一章

泡沫解释

荷兰郁金香狂热、密西西比泡沫和南海泡沫——这些词语永远和每次发生的大规模金融动荡联系在一起。它们如此牢固地植根于我们的文献作品中，以至于它们现在更多地被当成金融动荡的代名词，而不是作为这些特殊事件本身的依据。再加上诸如从众以及新流行的非理性繁荣之类的词汇，它们在1997年、1998年、1999年这几个危机年份的政策制定、学术辩论和市场评论中唱起了主角。

一般而言，这些事件被视为非理性的大爆发。自发的乐观主义情绪高涨地给资产价格不断打气，并将投资和资源不适当地吹到如此巨大的程度，以致接下来不可避免地要引发崩溃或重大的金融和经济灾难。只有那些不同寻常的自我妄想狂或对周围事物视而不见者，才可能注意不到这种明显的事实。所以，后来人们在提起这些事件时，几乎都将它们视为是嘲弄这类失败者愚不可及的一种形式。

本书描述了这三大著名泡沫的基本历史。然而，首先必须要做的是，努力搞清楚从这些事件中衍生出来的一系列词汇的含义，以便理解这些发生在如此久远岁月里的事件是如何适用于现代经济规则中的辩论的。在这个导论性的词汇简释中——我希望不是一条太长的弯路——首先,我将对这些词汇的含义进行梳理,并对它们加以分析批判;然后,我将阐述并讨论在有关该主题的权威性作品中找到的关于泡沫这个词汇的定义;最后,通过考察《金融时报》(*Financial Times*)如何利用这些词汇来解释1998年10月发生的事件,我将回过头来分析这三大著名泡沫作为修辞性的武器所发挥的重要作用。

几个词汇的含义

泡 沫

这类现象的经典词汇就是泡沫。泡沫是经济学和金融学中最美丽的概念之一。在经济学和金融学中,泡沫是一个模糊不清的词汇,它既重要又缺乏一个固定的可操作性的定义,因此,人们可以随意对它进行解释。最常用于经济研究中的泡沫定义是,无法解释的那部分资产价格运动,它建立在我们称之为基本面的基础之上。基本面是各种变量的集合体,我们认为这些变量应该驱动资产价格的变化。在一种特殊的资产价格定义的模型中,如果我们对资产价格的预测产生了严重的偏差,那么,我们可能就会说存在着某种泡沫。

这种定义不过是表明,发生的某种事情我们不能解释。对这一点,通常我们就称之为偶然变化。在研究资产定价时,我们给予这种现象一个名称——泡沫——并诉诸那些不能证实的心理学因素。

人类心灵的心理状态是不可测量的，特别是在一个事件发生多年之后。然而，它确确实实为解释市场中那些不能解释的现象提供了一种便捷的方法。我们现有的或流行的基本面分析模式，往往不能解释资本市场中那些可观察得到的重要现象。我们知道，市场心理学或市场意识可能很重要，因此，我们就会把基本面分析模式的结果与实际结果的不一致归咎于不可测量的市场心理学。

从　众

虽然从众近来频繁地被用于解释大规模的资金流动，但它仍然是一个含糊不清的词汇。它将"投资者就是羊群"——牺牲品的意思——这种观点形象化。这里嘲弄的景象是，投资者不去寻找属于他们自己的草地，而是跟着一个领头人，被动地从一个地方走到另一个地方去吃草。尤其在大量资金涌入新兴市场的情况下，从众概念就会产生。

当然，从众并非一种非理性的行为。如果众所周知某人长于分析，那么，此人走出一步的话，大家跟着他一起走是合理的。问题是那些把从众解释为由大量的机构或个人操纵资金流入某一特殊市场的人，他们从来没有提供任何证据来证明投资者正在做的决策的基础。我们观察到大量的资金在同一时期流入某市场,在另一个时期又同时流出某市场,但是,这并不意味着正在进行的这种活动就是从众。其实,这可能是某一两个精明者正在作出这种分析,而每个人都在盲目地跟从他们。也可能每个人都在作出分析。资金管理人可以选择其一,将这种认真的研究和分析工作委托给一家信得过的研究机构,研究机构又依次去向众多客户提供建议。对于没有研究部门支持的个人资金管理人而言,并不意味着他是在盲目地行动。

未来永远笼罩在迷雾之中:我们永远也不知道将来会发生什么事。然而,我们必须根据我们对未来的最佳预测来调配投资资源。有时候会出现一种令人心悦诚服的理论,这种理论允许我们能比过去"更好"地看清未来。这就是经济研究所要做的事情,即提出新概念;然后,我们可以利用这些新概念来解释可观察到的现象,或许还可以预测未来可能发生的现象。有时,某种理论成了主流理论,而且具有说服力。凯恩斯思想就曾经是一种令人拜服的理论,而且政府便是遵从凯恩斯开出的政策药方来行事的。这些政策以其过于夸张的形式走向了失败,在这之后,政府丢开了这类政策,转而采用(遵从)紧缩的反通胀政策。虽然20世纪60年代和70年代政府引入凯恩斯的理论,而20世纪80年代和90年代政府又放弃了这种理论,但是,没有人会说,我们看到的这种政府行为是从众行为。

非理性繁荣

这是最近由美国联邦储备委员会主席格林斯潘援引的一个术语。它只是一种主张的一部分,因为在1996年12月,当时的道·琼斯指数大约在6 500点。这种主张认为,当时的股票市场可能哪个地方出了毛病,而且格林斯潘似乎能更好地知道股票价格应该处于什么合适的水平(即对于实际的股票市场价格与根据某种理论推出的市场价格之间产生的分歧,他给出了一个新名词)。格林斯潘得出结论:市场上可能存在非理性的事情。

三年之后,1999年2月23日,股票市场上涨了50%。有人问格林斯潘是否还认为存在非理性繁荣,他的回答是:"有些事情只有在发生后才能知道结果。"由此可以看出,他的这一回答,实际上使这一概念的所有意义荡然无存。

泡沫的另外两个定义

为了将最后一个重点放在阐述泡沫的含义何以贫乏空洞而又无用,让我们将注意力集中在关于泡沫的两个定义上。这两个定义在各个时期的经济学著作中都可以找到。

泡沫的前现代定义出自《帕尔格雷夫政治经济学词

典》（1926年）。此说认为，泡沫就是"任何伴随着高度投机的不安全的活动"。这基本上意味着泡沫的定义即无理性繁荣。根据这个定义，除非泡沫破裂，否则我们就无法知道是否存在泡沫。伴随着高度投机的商业计划，结果有可能获得巨大的成功。只有在我们发现了某种商业计划行不通之后，我们才能下结论说这个计划是不安全的，然后称之为泡沫。所以，这个概念和格林斯潘的定义一样，言之无物。

某种计划会取得成功——这种可能性是永远存在的。如果这一计划成功了，那么，它就会被人们描述为胆大过人。由于未来往往是极其不确定的，所以，我们根据某一个有目的的计划行事的唯一途径，就是先假定某些理论成立，如果已知世界目前的状况，这些理论便能使我们预测未来。这种理论可以建立在过往经验的基础上，也可以建立在我们观察到的新现象上。

如果这种理论是令人信服的，那么，它就会吸引商业投资活动。再回到从众这个概念。投机者实际上是聚集在理论的周围，而不是聚集在彼此的周围。如果有人为市场中出现的令人迷惑不解的现象带来某个令人信服的故事和理论，那么，他就会吸引投机资本。例如，我们知道，投资互联网股票是一种冒险，但是，这种投资行为却得到一种理论的支持。这种理论认为，技术会导致划时代的变革，而这种变革将改变整个经济结构。通常情况下决策谨慎的政府正给这一观点火上浇油，高层官员甚至断言互联网时代已经来临。

当社会发展进程中要发生一种巨大的技术转换时，对于未来将出现什么变化就存在着极大的不确定性。我们不知道经济体系会如何承受所有这些变革，因此，自然而然地，如果这种理论变成了现实，那么，许多商业计划中的投资突然就变得非常具有投机性，即使在那些曾饱经风霜的传统行业中也会如此。所有这些可能性几乎都需要人们对未来赌上一把。如果存在一种关于互联网令人信服的理论，我们就不得不对这种理论赌上一把，将我们的一部分投资组合调配到互联网中去。否则，我们就可能错失成为下一个大赢家的机会，甚至可能更糟的是，成为一个完败者。所以，除非最后真相大白，不然，我们确实不知道这次投机是否安全。

金德尔伯格写了一本关于狂热与泡沫的畅销书。他在书中对泡沫下的定义是："泡沫是一种向上的价格运动，它超出了扩张的范围，然后导致爆炸而破裂。"这是一个关于资产价格运动模式的经验陈述。这就是所谓的价格分析师的观点。对此，我们应该指出的是，他们仅仅对那种特殊的价格运动模式给了一个名称而已。这类模式可以在数据中观察得到，因此，根据这个定义，我们仍然无法否认一个特殊的历史事件——例如郁金香狂热或密西西比泡沫——就是泡沫。然而，根据这一定义，我们不能得出必然的结论，即这种模式反映出某种非理性，或者过度，或者并非先验地建立在基本面的基础之上，而这正是称某一事件为泡沫的常见理由。

这些泡沫如何被用来操纵观点

泡沫是一个含糊不清的概念，而这正是人们不断地就该概念本身发生争论的原因。为了尽量不在这个可怜的定义上兜圈子，任何旨在用泡沫这个术语来解释当前市场现象的人，都乐意引证历史上最著名的案例，这些案例包括：荷兰郁金香狂热、密西西比泡沫和南海泡沫。每个人都认为这些事件乃是非理性的大爆发。依此类推，便可易如反掌般得出结论，断言在当前的实践中必定存在非理性。

在市场危机临头时分这些著名的泡沫事件总是被人们援引的例子之一，便是《金融时报》的头版社论——它们通常是这份权威财经媒体最小心谨慎的版块。社论对 1998 年 12 月国际货币基金组织发布的《世界经济展望/资本市场中期报告》（*World Economic Outlook/Capital Markets Interim*

Report）作了如下评论：

——当每个人都朝同一方向冲去时，金融投机者很难做到袖手旁观，并回想过去市场崩溃时的教训。

——1636年荷兰郁金香狂热或八十四年之后发生的南海泡沫，或许会让今年夏天的金融衍生品经纪人心生寒意。而1994年至1995年的墨西哥危机则肯定让他们产生了一种警戒性的震颤。在不久前的《世界经济展望》10月号中，国际货币基金组织特别提醒人们注意从这次失败中吸取教训（*Financial Times*,"The Madness of Crowds", December 22, 1998）。

在这篇社论中，《金融时报》把荷兰郁金香狂热当作是1998年10月全球金融危机的历史样板。那么，它对郁金香狂热以及国际货币基金组织报告中的陈述有多准确呢？这份中期报告确实讨论了如何控制金融市场中的风险问题。一般情况下，一提及风险控制，我们并没有想到恐慌、繁荣或非理性等这样一些术语，我们想到的是金融机构在这方面所作出的正确而稳健的行为。确实，那就是此份中期报告的要旨：标准的风险控制程序需要的是，如果遭遇某种动乱，银行应该调整其信贷状况。恰恰就是这类稳健的行为，使得所有流行的理论变得可以解释。这份报告的苛评不在于它认为存在非理性、恐慌或狂热，而在于这份报告是对这种过程如何运作的一种基本面的解释，是一份认可金融市场之间是相互联系之观点的参考文献。事实上，这些风险控制的程序，被工业国家的管理者强制作为管理市场和信贷风险的一种方法。

——由于俄罗斯不履行偿还其债务的约定，市场中的大众便在8月17日之后设法掉转方向。这时，许多用来防止风险的系统全部瘫痪了。就像17世纪的郁金香投机者一样，这是因为他们试图扭转不利局面，手段则是依赖于持续守法的市场。但是，当每个人都恐慌起来的时候，计算机化的战略只能使市场的骚乱更加恶化（*Financial Times*, "The Madness of Crowds", December 22, 1998）。

我花费了大量的时间，用于研究郁金香投机事件，然而，我从来没有见到过任何关于郁金香投机者依赖于持续守法的市场的资料。这正是《金融时报》社论的作者杜撰的内容。不可能存在更绝对的例子——郁金香事件如何被利用——它只不过是为了论证某一观点正确的一种修辞学上的工具。现在，这个故事已经变得如此荒诞不经，以至于任何人都觉得有能力对它进行加工润色，然而，这些人却是错误地用加工后的东西去证明某些观点。

那么，一般地讲，郁金香狂热产生的原因是什么呢？争论永远是这样的：郁金香狂热的存在证明市场是会疯狂的。而在特殊的现代市场中,莫名其妙、难以解释的骚乱便可归之为疯狂的行为。或许市场需要更加严格地加以规范,因此,对于那些想要控制资本流向的人来说,这些早期的事件正是他们梦寐以求的事件。

著名的泡沫

在影响现代政策走向的过程中,历史被人们用作一种修辞学上的武器。很显然,援引历史上发生的泡沫事件就是如此利用历史的例子之一。现在,我们转向人类早期泡沫史,以便追溯出这些泡沫对于私人资本市场的行为所具有的现实意义。

在此,本人旨在为三大最著名的泡沫提供基本面的解释。这三大泡沫是指:郁金香狂热(1634—1637年)、密西西比泡沫(1719—1720年)和南海泡沫(1720年)。虽然有几位作者已经给记载翔实的密西西比泡沫和南海泡沫提供了市场基本面的解释,但是,这些事件在今天依然被看作是大众非理性意识的蓬勃爆发。这种解释的始作俑者是查尔斯·马凯(Charles Mackay),正是他对1719年和1720年分别发生在巴黎和伦敦的大众投机疯狂事件加以形象描述,且这番描述广为流传。

本人在书中之所以把笔墨主要集中在郁金香狂热,是因为大多数现代观察家把这一事件看作是明显的疯狂。本书扼要地分析了郁金香狂热发生的历史背景,审视郁金香狂热的传统版本,并追溯传统版本的根源。为了理解郁金香市场的本质,我们必须将注意力集中于这个问题:郁金香本身的再生产周期是如何决定郁金香狂热期间人们的行为的。

有关17世纪郁金香的价格和市场的数据资料非常有限,因此,我们无法根据郁金香球茎的供给和需求关系来构建"市场的基本面"。我简单地叙述了郁金香狂热期间和狂热发生后各种郁金香球茎价格波动的特征,并将这些特征与18世纪初期珍稀球茎品种价格下滑的格局作了一个比较。然后,我们就可以利用这些结果来阐述如下问题:郁金香投机是否清晰地显示出存在一种投机性的狂热。

我的结论是,这次狂热最著名的画面——传说中珍稀球茎的极端高价及其价格的急速下滑——反映了郁金香球茎市场中正常的定价行为,不能把它解释为市场非理性的证据。

密西西比泡沫和南海泡沫是另外两个例子,在每个研究者心目中关于轰动一时的金融崩溃事件的简短清单上,都会出现它们的名字。这两次泡沫事件给投机性狂热提供了最流行的同义词。基于约翰·劳开创性的经济理论——

本质上就是我们现在所说的凯恩斯理论——这两次事件均涉及金融操纵、印制货币和政府一定程度的纵容；对于这些行为，直到20世纪，还没有哪次金融事件能与之匹敌。但是，这些行为在今天却稀松平常。我将阐述这些事件背后资本市场和金融操纵的本质，同样，也是从市场的基本面出发，予以解读。

第二章

郁金香狂热的传说

在那些羽翼未丰的经济学者的早期训练中,他们聚集在篝火的周围,聆听长辈讲述荷兰郁金香投机的传奇。他们的头脑中充满了对投机市场的怀疑,"本质上无用"的球茎价格上涨得如此之高,以及随后如此迅速的暴跌,似乎给资产市场中老生常谈的不稳定性和非理性提供了一个决定性的案例。1634年至1637年的荷兰郁金香狂热似乎永远成了一个投机过度的例子,而且这个例子如此受人们偏爱,以至于在我们的行话中,郁金香事件成了投机狂热的同义词。

郁金香作为一种非基本的农业产品,如果能够快速而且不加限制地生产,那么,其相对价格就应该上涨。既然在任何合理解释的情况下,市场的基本价格都不应该达到创纪录的水平,那么,这次郁金香狂热现象很可能导致如下后果:争论关于泡沫是否会在某种情境中再现时,相当多的经济学家时不时地采纳了一种理性的或非理性的"泡沫假设"。

1 政治和经济背景

郁金香引入荷兰的时间以及郁金香狂热,发生在荷兰独立战争("八十年战争")期间。[1]西班牙通过联姻占有了低地国家。此前,经由这一方式,西班牙以及当初勃艮第人占据的低地国家,均并入盘踞欧洲中部的哈布斯堡王朝。为了实行中央集权制并加强对领土融合后的组织管理,哈布斯堡王朝试图强行实施行政改革。这一改革引发了1567年的荷兰叛乱。战争持续多年,西班牙利用西属尼德兰(比利时)作为基地攻击尼德兰联邦诸省,直到1609年签署《十二年休战协定》。西班牙镇压尼德兰联邦的举动惨遭挫败,后者因此得以巩固了它的领土,并最终控制了大部分国际航运路线。在这次战争期间,英国和荷兰还结成了同盟,1588年,英国海军一举击败了西班牙无敌舰队。

1618年,欧洲爆发了"三十年战争"。哈布斯堡王朝及由其占据皇位的神圣罗马帝国号令德意志天主教诸侯结成同盟，并包括西班牙在内，他们站在天主教一方，对抗欧洲中部的各种新教势力。"三十年战争"对欧洲中部的人口和经济造成了毁灭性的打击，神圣罗马帝国中的许多公国丧失了三分之一的人口。这一时期人口出现大幅下降的地区，范围由欧洲中部延伸到尼德兰联邦的东部。

1621年，随着《十二年休战协定》的到期，"八十年战争"重燃战火。作为与"三十年战争"平行绵延的战事，"八十年战争"直到1648年实现总体和平后才宣告终结。尽管尼德兰的人口不超过150万，但是，在战争期间，荷兰方面每年投入到战场作战的军队人数达到10万人，同时还维持着规模庞大的海上舰队。荷兰为新教徒的事业提供了大部分的战略计划和金融援助，与法国联手，协商并资助丹麦（十七世纪二十年代）和瑞典（十七世纪三十年代）先后代表新教势力一方介入战事。

从1620年到1645年，荷兰几乎垄断了与东印度和日本的贸易权，征服了巴西的大部分领土，占领了荷属加勒比诸岛，并且创建了纽约。1628年，荷兰西印度公司在加勒比地区的一次海战行动中重创西班牙，缴获的战利品相当于后者在美洲殖民地一整年的金银产量，总计约1150万到1400万荷兰盾。[2]1635年，荷兰与黎塞留主政的法国结成军事联盟。该联盟最终在一种很不稳定的状态下将西属尼德兰改旗易帜。1639年，荷兰彻底摧毁了西班牙的第二支无敌舰队，这支舰队的规模与1588年的那支舰队相当。这次战争的结果是，西班牙不再是欧洲占统治地位的国家，而尼德兰地区虽然人少地小，却因为取得了国际贸易和国际金融方面的绝对控制权，一举成为欧洲最大的权力中心。荷兰掌控了十七世纪的国际贸易和金融，其地位恰如十九世纪的英国。

当然，这一时期并非一帆风顺。尤其值得一提的是，在1634年至1637年期间，荷兰遭受到几次挫折。从1635年到1637年，尼德兰地区惨遭"黑死病"（鼠疫）的蹂躏；1634年7月，神圣罗马帝国在诺林根战役中彻底击败了瑞典军队，并于1635年5月强行与德意志新教诸侯签署了《布拉格和约》，同时免除了西班牙因与荷兰作战而欠下的债务。随着厌战情绪在荷兰日益增长，这些事件迫使法国于1635年与荷兰结成军事同盟，正式出兵，参加"三十年战争"。由于开始没有任何准备，法国起初连战连败。1636年8月，这些挫折终于在神圣罗马帝国对法国北部的入侵中达到了顶点。胜利的天平自此迟迟不向荷兰方面倾斜，直到1637年10月西班牙控制的要塞布雷达陷落，形势方才扭转。

荷兰政治力量的扩张依赖于荷兰经济的快速发展。尼德兰地区是一个高度城市化的社会，制造业、贸易和金融发达，相比而言，当时欧洲的其他国家仍是农业社会占主流。荷兰的主要工商业是船舶制造、捕鱼、运输、纺织和金融。在十七世纪，欧洲商业船队的大多数船只都是由荷兰人建造的，而荷兰的商业船队在数量上超过了欧洲其他所有国家海上船队的总和。荷兰在粮食、贵金属、普通金属、盐及其他散装货物的运输中占据了统治地位。作为货物的集散地，尼德兰地区为欧洲所有主要商品市场提供了天然的场所。

随着商品市场的建立，荷兰开始逐渐形成复杂的金融机制。阿姆斯特丹成为短期信贷和长期信贷的主导市场。十七世纪初期，股票、商品期货和期权等各种市场开始形成。[3] 许多国家的跨国贷款交易以阿姆斯特丹为中心，股票市场亦在此地发展壮大。成立于1602年的东印度公司逐渐取得了在东亚贸易的控制权，并源源不断地向股东支付大笔红利。西印度公司成立于1622年，它被赋予可以在西半球从事投机风险事业的特权，包括在初期一度控制了跨大西洋的奴隶贸易。

到郁金香投机事件发生时，荷兰已经成为一个高度商业化的国家，它拥有发展良好且活力十足的金融市场，以及大量经验丰富的贸易达人。荷兰参与了无数的投机风险活动，并取得了巨大的成功，人们把这个年代称为荷兰黄金时代。

2　郁金香狂热的传统意象

人们总是抱着这样一种怀疑的心态来描述郁金香投机事件：荷兰人——通常情况下他们在投机时非常机敏——怎么会犯如此明显的大错呢！这一事件的现代参考资料均依赖于马凯（1841 年或 1852 年）的简要描述。郁金香原产于土耳其，直到 16 世纪中叶才传到西欧。郁金香最初是由一位郁金香迷带到奥地利的。郁金香很快就被富人们看作是一种美丽而又珍稀的花卉，适合种在最时髦的花园里。市场需求的是可保存长久的郁金香球茎，而不是花朵。就像在其他许多商品市场中一样，荷兰在郁金香市场中也占据了主导地位。同时，荷兰人创造性地开发出郁金香的新品种。高价售出的球茎能够开出娇艳美丽、与众不同的花朵；至于普通品种的郁金香球茎，则以低得多的价格售出。

从 1634 年开始，非专业的种花者大量介入郁金香贸易。根据马凯的记载，有些球茎价格达到令人难以置信的水平。例如，单株"永远的奥古斯都"（Semper Augustus）

球茎在这次投机的高峰时，售价高达5500荷兰盾。如果以黄金价格衡量，按照每盎司黄金折合300英镑计算，其价格相当于33000英镑的黄金。然而，马凯既没有提供这些球茎价格的出处，也没有提供看到这种价格时的日期。

马凯通过讲述两件轶事，强调了这次事件的疯狂程度：一位水手不慎吞吃掉珍贵的郁金香球茎，以及一位不知根底的英国旅行者层层剥开郁金香球茎来给它做实验。仔细想想，一位荷兰商人将一颗价值连城的球茎放在某个地方，结果让一个粗俗且不懂礼貌的水手当作午餐吃掉了；或者一位自以为是的英国实验者剥开球茎进行仔细的科学分析，这种事情太令人难以置信，而这一点却被马凯忽视了！他还对那些买卖珍稀球茎的金钱交易细加描述，将价格量化为相应的实物，以便当时（1841年）的读者能更具体地理解这一事件。

之后，马凯描述了最后的投机疯狂。他指出，大量的外国资金涌入荷兰，从而加剧了这次投机；同时，各个阶层的人们都迫不及待地变现手中其他资产，以便加入到郁金香市场中。然而，他没有提供这些原始资料的任何出处，以及所谓的外国资金的数量。

最后，莫名其妙地，这次投机疯狂就终结了。一夜之间，即便是珍稀球茎也难以找到买主，而且价格只有原先的十分之一。马凯认为,这次投机疯狂在经济上造成了长时间的灾难。然而,马凯没有提供这次投机崩溃后珍稀球茎即时交易价格的证据。相反,马凯援引了六十年后、一百三十年后和两百年后球茎交易的价格,来证明这次崩溃程度之严重,以及在这次投机事件高峰时价格的明显离谱。另外,马凯也没有对产生这次投机事件的基本经济背景提供任何证据。

3　郁金香狂热的传说出自何处

考虑到马凯的版本在当前关于郁金香狂热的观点中所具有的地位,对马凯的说法源自何处进行调查就至关重要。马凯引用约翰·贝克曼(Johann Beckman)的叙述其实并不多,但是,他却通过些许文学加工,抄袭了贝克曼的大部分观点。[4]

贝克曼是前面一章中提到的那位水手和那个英国解剖学家之逸事的原始来源。他引用的是布兰维勒(Blainville,1743年)的陈述,以此作为前述英国人故事的出处。然而,仔细阅读布兰维勒这部巴洛克风格的哈勒姆(Haarlem)游记就可以发现,里面只有一句话提到,1634年至1637年发生了一次郁金香投机事件。事实上,布兰维勒关于他此次荷兰之旅的描述,是基于他1705年写下的旅行日记,那时距所谓的郁金香投机乱象已过去了七十年。贝克曼提到,约翰·巴尔萨泽·舒普(John Balthasar Schuppe,1610—1661年)在荷兰时发生了那位水手的事件,此外,再没有其他参考文献提到该事件。可是,叙述这个故事的上下文似乎表明,这件逸事发生在郁金香投机事件之后。马凯却将这两个故事描述得极富戏剧性。他引用布兰维勒的说法,并以之作为两个故事的出处。显然,除了贝克曼的叙述,马凯并没有进行更多研究。

主要援引加格特(Gaergoedt)和瓦蒙特(Waermondt)之间的对话,贝克曼记述了郁金香市场波动和球茎销售价格的详细信息。他还概括了芒亭(Munting,1672 年及 1696 年)对于这一事件的讨论。《加格特和瓦蒙特对话录》是以对话形式编辑而成的系列印刷品,由三本小册子组成,提供了关于郁金香市场尤其是各种球茎价格的诸多细节。这些资料大部分来自于这次投机结束后的记录。就像这次事件发生后出现的其他大量小册子一样,这部对话录是由政府当局为了从道义上抨击投机而编写的。[5]

芒亭是一位植物学家,他就大量花卉撰写了一卷长达 1 000 多页的作品。马凯声称这本书全是关于这次郁金香狂热的记录,但实际上,在这部作品中,只有六页讲到郁金香的内容中提及该事件。马凯必定没有考查过芒亭这部长篇大论。我们可以在《加格特和瓦蒙特对话录》中找到芒亭提到的所有价格数据。因此,我们可以肯定,这就是芒亭书中数据的基本来源。

关于郁金香狂热的最流行版本，从某种程度上说是建立在学术研究的基础之上，然而，这本书的许多观点，却是从《加格特和瓦蒙特对话录》中照搬过来的道听途说。

还存在一种更谨慎的研究，但对我们目前关于这次郁金香狂热的解释几无影响。关于郁金香在欧洲的历史，索尔姆斯-劳巴赫（Solms-Laubach，1899年）的著作对研究郁金香的文献广泛征引，其中包括《加格特和瓦蒙特对话录》。虽然他提供的大部分郁金香价格的数据源自《加格特和瓦蒙特对话录》，但他还考察了这次狂热期间经过公证的郁金香买卖合同中留下的记录。

范·达玛（Van Damme）收集了一系列写自1899年至1903年的短文，为这次郁金香狂热提供了考证。[6]他全文引用《加格特和瓦蒙特对话录》提供的若干价格崩溃前的定价合同复印件，以及这次崩溃前不久和投机结束后六年间标售的球茎价格的详细资料。由于《加格特和瓦蒙特对话录》中的许多价格还出现在更早的售价清单上，这就为对话录中记载的价格之真实性提供了至关重要的证明。

波塞摩斯（Posthums，1927年、1929年及1934年）是这类文献作者中唯一的经济学家，他搜集并复制了更多经过公证的合同，从而丰富了现有的数据。然而，他的大部分讨论仍然是基于《加格特和瓦蒙特对话录》中的价格信息,以及范·达玛编辑的相关资料。

最后,克勒拉格(Krelage,1942年及1946年)广泛地探讨了郁金香市场,但是,他关于这次投机事件期间郁金香价格的信息,似乎也来源于《加格特和瓦蒙特对话录》。克勒拉格还提供了1708年和1709年郁金香的售价清单,以及一份1739年的郁金香球茎目录。另外,他根据时间顺序,编制了一份18世纪和19世纪期间各种紫色球茎的价格变动表。

这些研究除了收集到更多的价格数据,以及将我们没有按时间顺序排列好的数据加以系统编排之外,并没有取得什么新成果。波塞摩斯试图分析期货市场发挥的作用,这种作用在这次投机的后期已经具体化了。但是,虽然他做了不少努力,我们却只记得"郁金香狂热"这个术语,知道这是最著名的泡沫。没有人通过认真的研究来阐述构成这次郁金香球茎市场的基本面是什么。

4　政府当局对期货市场和买空卖空的态度：小册子的来源

沙玛（Schama，1987年）在他关于荷兰黄金时代历史的作品中，讨论了导致17世纪荷兰经济成功发展的动力问题。[7]他对寡头执政集团内部关于"投机"与安全的"投资"之间显而易见的紧张关系作了描述。寡头统治者及其各级文官就经济活动的"安全"与"不安全"区域，一直试图寻找一种平衡，因为他们知道，持续稳定的经济状态依赖于安全可靠的企业，而经济增长则有赖于一种从事新的冒险投机事业的意愿。

经济和金融活动的安全区域就是那些公众机构涉足之处，诸如海上保险商会、威瑟尔银行（Wisselbank）以及通过波罗的海进行的商品贸易（荷兰有效地垄断了这些贸易）。经济活动中风险更大但活力十足的区域，是在荷兰东印度公司和荷兰西印度公司控制下的那些距离欧洲大陆更遥远的交易。东印度公司取得了辉煌的成功，它为其股东赚得了大量的利润。由于西印度公司更多是作为与西班牙和葡萄牙军事竞争的一种工具,因而经济业绩平平。

然而,在交易所里进行的公司股票交易活动,也是一种更加冒险的金融活动。这类交易涉及现货交易、股票期权和期货交易。1606年,东印度公司股票交易启动且成交活跃,但是,这只股票的价格很快就遭遇到有组织的空头袭击。幕后黑手便是鼎鼎大名的投机家艾萨克·勒·梅尔(Isaac Le Maire)。手段包括抛售股票和散布对东印度公司业务不利的谣言,这种做法到今天为止仍然是人们常用的策略。

人们对这些活动的反应导致1610年政府出台法令,禁止这类操纵活动。对我们来说,最著名的规定就是禁止"买空卖空"或"空头交易",意思是不能交易目前还不在卖方手里的股票。期货交割的买卖只允许那些手中确实拥有股票的人参与,禁止那些对这类套头交易不明确的期货交易。政府当局一直将期货交易看作是斩不尽杀不绝的赌博,因而一再重申相关法令——1621年(随着与西班牙战事再起)、1630年,以及最著名的就是1636年郁金香狂热期间。

政府当局并没有对参与签订被禁止的期货合同的人提起公诉,他们只是拒绝赋予这类合同以法律效力。在一场

"向弗雷德里克（总督或王子）投诉"的纠纷闹剧中，一位手头拥有一份被禁止的期货合同的买家，在法庭的支持下拒绝承认该合同。因此，只要合同在私下里得以履行，被政府当局深恶痛绝的期货交易和卖空就可以持续下去。撕毁合同很可能使交易者被证券交易所拒之门外，因此，对于期货合同导致的适度损失，买方一般不会拒不认账。当然，如果这一损失足以导致破产，让交易者一文不名，那么，他就很可能不承认已经签订的合同。

在当局看来，这次郁金香投机代表了一种明显不安全的金融投机活动。在这次投机活动中，正当的生意活动突然堕落为一种异乎寻常的赌博。期货交易是这种活动的中心，它明白无误地被各种法令所禁止。最终，法院不会裁定强制执行在各种酒馆（此类交易就是在酒馆中产生的）中签署的合同，所有这些合同都成了一纸空文。因此，若说在这种波动不定的酒馆交易中，各方参与者会轻易达成此类不具强制约束力的合约，那可真是不可思议，除非这帮家伙在赌博。

根据沙玛的观点，这次投机活动把荷兰的上层社会吓坏了，因为他们看到一种貌似安全的活动是如何快速地转变成为一种无组织无纪律的赌博行为的。他们认为，这是金钱在一种无政府状态下作乱，在此氛围下，所有用来规范人们采取道德和冷静的商业行为的规章制度，均被抛到九霄云外。

36 于是，统治阶层掀起了一场反对这类投机行为的宣传运动。沙玛如此描述这场运动：

> 荷兰各市镇地方长官认为，当务之急是制止大众迷醉于对郁金香的疯狂投机，而股票给社会带来的好处是次要的事情……于是，他们觉得有必要发动一场教诲式的宣传攻势，通过现身说法、布道说教及散发印刷品来抵制那些愚蠢行为，此类愚行中至为邪恶之处，就是把普通大众引入歧途。对那些奉行人道主义的寡头统治者来说，这次郁金香狂热亵渎了他们所有最神圣的信条：诚实、节俭、谨慎，以及一分付出一分收获。

这次宣传热潮的目的，是把投机倾向引入经济活动的安全区域。毫不奇怪，这些安全区域与由统治者阶层控制的区域一致。在这场运动期间出版的大量反投机思想的小册子中，就包括《加格特和瓦蒙特对话录》。

5　淋巴腺鼠疫

1634年至1637年，在郁金香球茎市场之外，一起异乎寻常的事件也可能驱动这场投机。从1635年至1637年，淋巴腺鼠疫在尼德兰肆虐一时。单单阿姆斯特丹一地，1636年就死亡17193人（占总人口的七分之一）。1635年，在莱顿也造成了14502人死亡（占1622年统计总人口数的33%）。从1636年8月到11月，这次鼠疫还夺去了哈勒姆14%的人口，而哈勒姆正是郁金香投机事件的中心——彼时，普通而便宜的郁金香花品刚刚开始交易。

从1630年开始，由于参战大军在德意志境内向西集结（或败退），鼠疫随之向西蔓延。[8] 1623年至1625年、1654年至1655年、1663年至1664年，鼠疫相继爆发了多次，使得阿姆斯特丹在这几次疫情中分别丧失九分之一、八分之一和六分之一的人口。

范·达玛（1976年）援引了C.德·柯宁（C. de Koning）的观点。柯宁叙述称，1635年鼠疫开始爆发，迫

使城市当局采取果断的卫生措施:

> 种种预防措施均不能阻止突然爆发的鼠疫迅速蔓延,在1636年8月、9月、10月和11月期间,5 723人因此死于非命。死亡的人数太多,以至于墓地的数量相比而言少得可怜,无法埋葬所有的死人。这次灾难给城市居民造成如此巨大的悲痛和不幸,对在那些悲惨岁月里发生的巨大不幸,任何描述都显得苍白无力。我们的祖先在这种恐怖中遭受了太多的苦难,这就是为什么我们要以感谢全能的上帝把我们从这种巨大的恐怖中解救出来作为这个故事之结局的原因。在我们的城市遭受重创的这次苦难期间,人们被一种特殊的狂热迷惑住了,如痴如醉地渴望在非常短的时间内发家致富。在郁金香的交易中,我们可以找到当时人们企图一夜暴富的例证。这次郁金香交易在荷兰历史上如此著名,在当年的街头巷尾如此流行,对我们这个时代的公民来说,它应该成为我们的祖先所作的蠢事的证明。

关于哈勒姆在这次鼠疫中的情况,范·达玛特别指出:"可以想见,疫情最糟糕的时候,这次郁金香期货投机也达到了顶峰。"德·弗里斯(De Vries,1976年)断言,1635年至1636年鼠疫的爆发"或许是通过在民间散布某种宿命论而开启了这次狂热中最疯狂的篇章"。

一方面是由于鼠疫,一方面是由于西班牙的入侵,从1635年到1637年,尼德兰的人口面临着一种迫在眉睫的灭顶之灾,而这一事态恰巧与郁金香投机事件同步。风波过后,人口锐减。虽然这次鼠疫的爆发可能是一种假定的线索,但是,不难理解,正如我们将看到的那样,一种赌博性质的狂欢与饮酒作乐相结合,盛行一时,而这种狂欢游戏正是人们面对死亡的威胁时作出的回应。

6 染病的郁金香

如果要理解郁金香市场,就需要懂得一些关于郁金香特性的知识。用一颗球茎花卉,或者通过种子发芽,或者通过母球茎上形成的蓓蕾,就能够培植出郁金香花朵。通过适当的栽培,蓓蕾可以直接再生出另一颗球茎。每一颗球茎经过种植后,最终将会在成长的季节里消失。到该季节结束时,那颗原初的球茎就被一个无性种子和几个二期蓓蕾所取代,最初的那个蓓蕾如今变成了一颗功能球茎。通过蓓蕾的无性再生(这是一种最主要的培植方法),普通球茎再生出新球茎的比率年均最高可达100%至150%。[9]

一颗直接产自种子的球茎在开花之前有七至十二年存活时间。郁金香一般在四月或五月盛开,花朵持续的时间约一个星期。二期蓓蕾开花之前所需要的时间,要看产自蓓蕾中的球茎的大小。哈特曼(Hartman)和凯斯特(Kester)在1983年的作品中提及,直径小于五厘米的球茎开花前需要的时间是三年,直径五至七厘米的球茎开花前需要的时间是两年,直径大于八厘米的球茎开花前需要的时间是一年。

到六月份时,可以将球茎从花坛中搬走,但是必须在九月份重新栽种。如果要核实某种郁金香花品的交割,就得在郁金香开花后立即进行球茎的现货交易,时间通常便是在六月。

郁金香会遭到花叶病毒的袭击,这种病毒所起的重要作用叫作"染病",染上病毒的郁金香会产生出奇异的变种,其中有些变种华美异常,艳压群芳。这种通过对某些特殊花朵施加影响而产生的品种不能够通过繁殖再生。种子可以产生普通花品的球茎,因为它们没有受到病毒的影响。这些球茎自身最终会在某个无人知道的时刻"染病",但却不会变成奇异的品种。通过将蓓蕾栽培成新的球茎,就能够再生出特殊的品种。

花叶病毒的另一个影响,是使得染上病毒的球茎变得很脆弱,并且降低了它的再生率。虽然十七世纪的种花者认为,在繁殖球茎成熟的过程中,"染病"是一个正常的阶段(娇柔脆弱的球茎品种是受到病毒感染的结果),理论上讲,染病的郁金香就是患了病。例如,拉·切斯尼·蒙斯特热尔(La Chesnee Monstereul,1654 年)在对

"染病"看作是"自我保护"的理论与看作是疾病的理论进行一番比较之后指出,染病的球茎和花柄更小,而且,它们长出的蓓蕾永远不会超过三个。

史密斯(1937年)陈述说,染病的球茎不会像未染病的植物那样"自由地繁殖",但是,这种日益加强的虚弱不一定会导致染病的球茎死亡,例如,自1620年以来,人们一直积极地栽培染病的佐默松(Zomerschoon)。范·斯罗戈特热(Van Slogteren,1960年)声称,花叶病毒会导致植物总产量下降,或者会使繁殖率降低10%至20%。

在这次郁金香狂热中交易的几乎所有的球茎,到今天为止已经完全不复存在了。例如,皇家球茎种植者协会(1969年)在对成千上万种被人们积极栽培的郁金香进行的分类中提到了郁金香投机狂热中那些重要的球茎,诸如"可爱的里芙肯"(Admirael Liefkens)、"可爱的范·德·爱克"(Admirael van der Eyck)、"帕拉贡·里芙肯"(Paragon Liefkens)、"永远的奥古斯都"(Semper Augustus)、"总督"(Viceroy)、"吉尔·科隆纳"(Gheele Croonen)和"拉克·范·瑞金"(Lack van Rijin),但把它们仅仅看作是历史上一些重要的名称。至今还在种植的球茎仅剩下吉尔·科隆纳和拉克·范·瑞金,除了在这次投机的高峰期外,在十七世纪三十年代,这些品种不过被视为普通花品而已。目前，即使是这些球茎，也只有那些收藏家才栽种。

从目前关于这次郁金香狂热的现存资料来看，郁金香市场中的天价，是针对那些特别美丽的染有病毒的球茎。除了它们可能会染上病毒外，单色的繁殖球茎并不值钱；而在欧洲栽种郁金香的头两个世纪里，所有重要的郁金香品种都染上了病毒。染病的球茎直到十九世纪才不再流行。确实，由于染病无法预测，因而种花者中有些人就把郁金香狂热的特征概括为一种赌博，而种花者"要种出更好且具有更奇妙的彩斑和叶斑的郁金香，是一种冒险"。[11]

虽然众所周知花叶病毒是通过蚜虫传播的，但是，鼓励染病的方法在十七世纪还没有得到人们充分的理解。范·斯罗戈特热在其 1960 年的作品中指出，《加格特和瓦蒙特对话录》中建议，将一颗染病的郁金香球茎的一半与一颗未染病的郁金香球茎的一半嫁接到一起，以此来引发染病。拉·切斯尼·蒙斯特热尔（1654 年）声称，"加速蜕变"技术在种花者中间还存在争议。德·阿迪恩（D'Ardene，1760 年）专门用了一章的篇幅来讨论郁金香的染病问题，但几乎没有阐述鼓励染病的方法。

7 1634—1637年的球茎市场

43 直到1634年之前,球茎的买卖还仅限于专业种植者。但是,到1634年岁末,参与球茎买卖者却包含了大量的投机分子。法国对球茎日渐增长的需求显然驱动了这次投机。

在法国,妇女乐于在她们的礼服上端装饰大量新鲜的郁金香。有钱的男人竞相给自己仰慕的女人赠送最奇异的鲜花,从而进一步驱动了对稀有花卉的需求。芒亭(1696年)谈到过,这次投机期间,单独一朵染病的郁金香特殊花品在巴黎售价为1 000荷兰盾。这是一种消费品的最终需求价格,而不是这个球茎的资产价格。

市场参与者可以进行各种类型的交易。珍稀花品被称作以"颗"交易的商品;特殊的球茎根据它们的重量来买卖。球茎越重,意味着繁殖能力越强,表明未来会收获更多的球茎。这种重量的标准按"aas"计算,大约相当于一克的1/20。例如,一颗重量为57 azen(ass的复数)的

44 "干酪"(Gouda)按约定的价格售出,在销售合约中将会

涉及在特定的地方种植特殊的球茎。倘若市场交易的是普通球茎，那么，这些球茎就按标准单位1 000 azen或1磅（在哈勒姆，1磅相当于9 728 azen；在阿姆斯特丹，1磅相当于10 240 azen）来买卖。在以"磅"交易的商品中，其购买合同中不会涉及特殊的球茎。

在9月至来年6月间的购买合同必定是期货交割。而且，对于那些非常稀有的球茎来说，有价更有市。球茎的派生物不能立即交割，因为它们在与这颗母球茎分离以确保新球茎能存活之前，必须达到某一最小的尺寸。因此，这种派生物的合同也是未来交割。

正式的期货市场发展于1636年，它是1637年2月市场崩盘前最受追捧的交易方式。在面呈公证人之前，交易中已经使用纸面合同。1636年夏天，交易开始变得如此广泛——这时正是鼠疫的高峰期——交易者成群结队地在称作"学院"的酒馆中集会。在这些"学院"里，通过几条约束出价和手续费的规定来规范交易。每笔交易，买方需要从所签合同涉及金额的每一荷兰盾中支付半个stuiver（1个stuiver等于1/20荷兰盾）给卖方当"酒费"，每次交易的"酒费"上限为3荷兰盾。如果交易者结账时超出了所定时间的范围，这些费用就会取消。任何当事人均不需要考虑差额补贴，因此，破产的约束力在此遁于无形，不会影响到个体的社会地位。

一般来说，买方当前并不拥有在支付日期交割的现金，而卖方当前也尚未拥有合同中的球茎。双方均未打算在约定的交付期交割，双方期望的是那笔在合同中签订的价格与交付时价格之间的差价部分。因此，由于赌的是交付时球茎的价格，所以，这个市场的功能与当前运行的期货市场大不相同。这种操作上的区别在于，这些合同不必根据每天价格的波动重新定价，不需要保证金来确保合同中允诺的条件，而且这些合同是由个人的承诺而不是由交易组成的。崩盘需要清算的是总资产而不是净资产。

所有对这次郁金香狂热的公开讨论或者批评，都谈及购买太过积极，或者批评那些在当前未曾拥有所出售的商品的情况下用于期货交割的卖出，或者批评影响交割的意愿。他们抨击期货市场变成了制造人为风险的工具，根本不考虑在市场存在的风险中该何去何从。

在那些"学院"合同中，清偿的日期指定在哪一天，目前还不清楚。在1636年至1637年新兴期货市场中商定的交易不用交割球茎，因为必须要等到6月才能挖出球茎。当时，人们如何确定出交割之际的价格，目前不得而知。贝克曼（1846年）指出，交付价格"根据大多数签订的交易合同来确定"，大概是在某份特定的合同到期后。这又是目前期货市场中的常规动作。

那些重要而又富有的郁金香爱好者定期买卖珍稀郁金香品种,他们并不参与这种新兴投机市场。即使这次投机崩溃之后,他们仍然在持续"大量"[12]地交易珍稀球茎。由于珍稀球茎也在期货市场交易,因而,这意味着没有谁会在这次现货和期货市场中套利。在现货球茎市场长期交易,需要大量的资本,或能便捷地进入金融信贷市场。在期货市场中,通过空头交易来套利,则需要未来的买家坐拥大量的资本,或者获得合理的信贷。在期货市场中,不遵守买卖协议的真正的冒险,将会削弱这种套利的基础。既然期货市场的参与者无需面临资本要求,那么,就不存在套利的基础。

这次郁金香投机的大部分时间,仅仅在稀有球茎的买卖中发生过极高的价格和破纪录的交易这类情形。在这次投机期间,普通郁金香球茎一度被完全忽略,这种状况一直维持到1636年11月。

波塞摩斯(1929年)假定这些事件发展的时间顺序是这样的:

> 我认为,事件发生的顺序可以这样来看。1634年岁末,那些新的业余购买者开始行动。发展到1635年中期,郁金香球茎价格暴涨,而人们能够靠信贷来购

买。一般情况下立即交割某种价格的商品，同时，市场开始引入按每 aas 计算的交易；大约到 1636 年中期，"学院"开始登场；不久之后，就出现不提供球茎的交易。到同一年的 11 月份，这种交易扩展到普通的郁金香品种；同时，球茎开始以上千 azen 和每磅为单位售出。

8　这些数据的某些特征

在很大程度上，人们所提供的关于价格的数据全都乱七八糟地混在一起。我根本无法把在"学院"（破产的约束力在此形同虚设）确定的价格，与那些对交易者来说背负更严肃义务的价格区别开来。另外，虽然1636年9月之后所有的交易必定是未来交割，但是，我仍然无法将期货交易与现货交易区别开来。要区分不同类别的交易，一个自然的方法，是看交易的品种按"颗"计算抑或按"磅"计算。波塞摩斯断言，在按"颗"交易的球茎和按"磅"交易的球茎之间，存在一种社会等级之别，即使在"学院"中也不例外。中产阶级和资本化的工人（比如纺织工人）就不屑于从事按"磅"计算的球茎交易，他们只交易更珍稀的球茎。

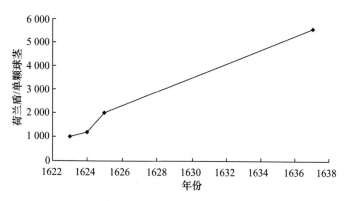

图 1　永远的奥古斯都

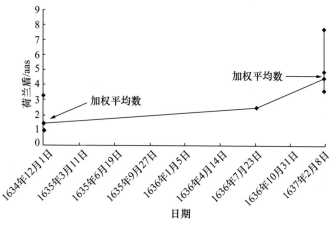

图 2　可爱的范·德·爱克

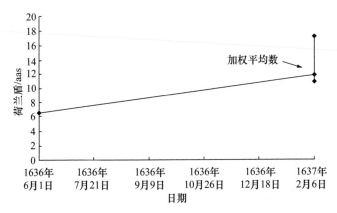

图 3 可爱的里芙肯

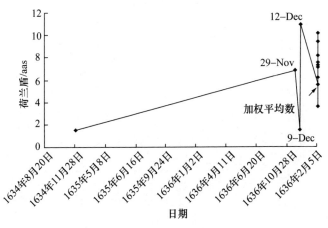

图 4 干酪（成熟球茎）

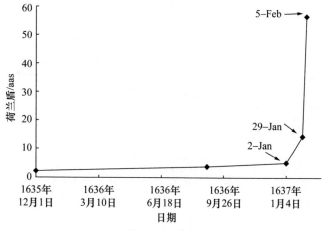

图 5 干酪(蓓蕾)

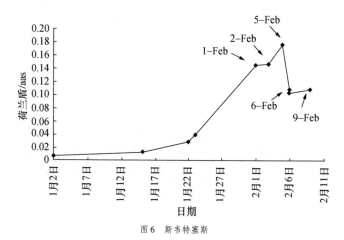

图 6 斯韦特塞斯

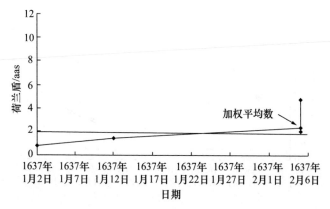

图 7　西皮奥

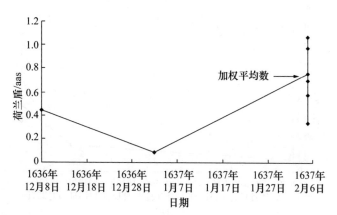

图 8　吉尔·鲁特·范·里登

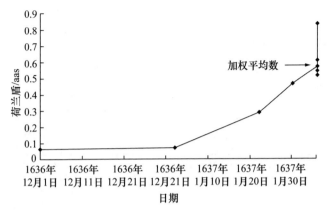

图 9 奥登尔登

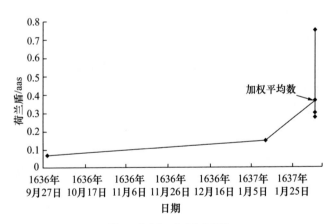

图 10 格鲁特·格普鲁米瑟德

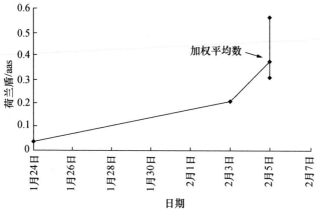

图 11 马科斯

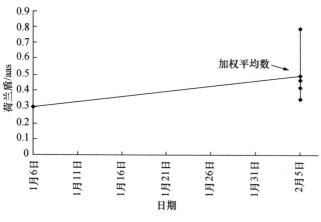

图 12 纽伯格

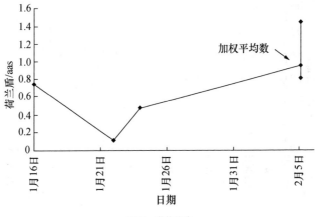

图 13　勒格兰德

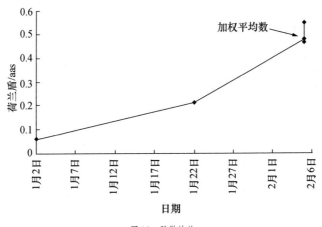

图 14　科勒纳兹

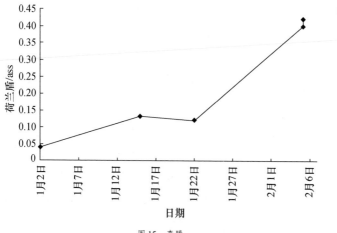

图 15 森腾

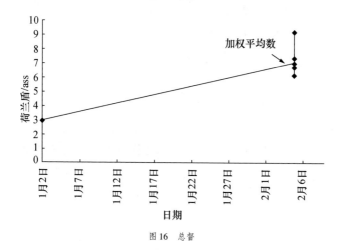

图 16 总督

从图 1 至图 16 中，我把现在能够收集到的各种郁金香球茎的价格"以时间先后为序"，并按"荷兰盾/aas"或"荷兰盾/单颗球茎"进行了描述。这些图表包括从拍卖品、由公证人书写的合同以及《加格特和瓦蒙特对话录》这些资料中收集到的数据。奥登尔登（Oudenaerden）、西皮奥（Scipio）、纽伯格（Nieuwberger）、马科斯（Macx）、格鲁特·格普鲁米瑟德（Groote Geplumiceerde）、科勒纳兹（Coorenaerts）、森腾（Centen）、维特·科隆纳（Witte Croonen）、吉尔·恩德·鲁特·范·里登（Gheele ende Roote van Leyden）和斯韦特塞斯（Switsers）这些品种的数据是以"荷兰盾/aas"来呈现且所涉重量均为标准化的重量。永远的奥古斯都、可爱的范·德·爱克、可爱的里芙肯、总督和干酪这些品种的数据，所涉重量差别极大，从 1 aas 到几百 azen 不等。图 4 所示为成熟的干酪球茎价格；图 5 所示为重量极小的干酪蓓蕾，其重量从 1 aas 到 7 azen 不等。

除了斯韦特塞斯球茎外，每张图中人们看到的最晚数据是 1637 年 2 月 5 日记录下来的。很显然，这正是郁金香狂热的高峰期。当天，对于每一种郁金香，人们一般都能看到好几种价格，不过它们在图中出现的顺序却没有什么意义。特别是这些图没有说明在 2 月 5 日这天郁金香的价格在无限激增。我将价格曲线与2月5日价格的加权平均数连起来。

以"颗"为单位交易的球茎品种包括可爱的里芙肯、可爱的范·德·爱克、干酪、永远的奥古斯都和总督。在这些品种中，干酪可以看作是一种标准，因为我们得到的这种球茎的价格数据最多，从这次投机的一开始就有。以"磅"为单位交易的球茎包括森腾、科勒纳兹、吉尔·恩德·鲁特·范·里登、格鲁特·格普鲁米瑟德、勒格兰德、马科斯、纽伯格、奥登尔登、斯韦特塞斯和维特·科隆纳[13]。其他的球茎很难分类，包括那些既可能根据罕见的重量单位也可能参照标准重量单位交易的品种。

一般而言，以"磅"为单位出售的球茎要比那些以"颗"为单位出售的球茎价格低得多。然而，在这次投机的最后几个月——正是哈勒姆鼠疫爆发的时候——这些以磅为单位交易的球茎价格上涨的速度，要比那些以颗为单位交易的球茎快得多。科勒纳兹、吉尔·恩德·鲁特·范·里登、勒格兰德、马科斯、奥登尔登、斯韦特塞斯和维特·科隆纳的价格一个月内上涨了20倍，而以颗为单位交易的球茎，价格翻一番或者上涨3倍则需要长得多的时间。

对于那些价格上涨相对缓慢的稀有球茎来说，一个例外就是图5中显示的干酪蓓蕾的价格。很显然，蓓蕾吸引了那些与普通球茎品种类似的投机行为。然而，我们可以看到，一颗干酪蓓蕾售价陡然升至56荷兰盾/ass，这种价格仅出现在投机的最后一天——1637年2月5日。1月29日这一整天，干酪蓓蕾的价格大约与干酪成熟球茎的价格相同：蓓蕾的价格在1月29日是14荷兰盾/ass，1月2日是5荷兰盾/ass；而干酪成熟球茎的价格在12月12日是10.8荷兰盾/ass，2月5日的单位价格则在3.6荷兰盾至10荷兰盾之间浮动。干酪蓓蕾的价格上涨了4倍，这种价格波动与在这次投机的最后一两个星期里几种普通球茎（例如斯韦特塞斯、森腾和马科斯）的价格飙升幅度一致。

9　崩溃后的郁金香价格

1637年2月的第一个星期后,郁金香投机崩溃了,但是,我们却没有看到为何会在此时发生崩溃的任何解释。一般来说,停止支付发生在合同到期之时,即合同没有得到履行。

1637年2月24日,花农和花商代表在阿姆斯特丹召开会议,他们提议,1636年11月30日或在此之前签订的郁金香销售合同必须执行;对于在这一时间之后签订的销售合同,买方有权不予履行,只需支付合同价格的10%即可。这可能就是马凯在他的书中所言郁金香球茎按其价格峰值的10%都卖不出去的源头。政府当局没有采纳这一建议。

1637年4月27日,荷兰议会决定悬置所有的合同,同时允许手头拥有球茎的卖方在悬置期间按市场价格出售签过合同的球茎;至于市场价格与政府当局最后确定的合同交割价格之间的差额,无论盈亏,则一律由合同的买方来承担。这个决定可以让种花者不必把即将在6月繁殖的郁金香球茎拿到市场上去实卖。

后来,进一步清偿的处理计划开始暧昧起来。波塞摩斯(1929年)陈述,许多城市开始步哈勒姆的后尘——1638年5月,哈勒姆市议会通过了一条法令,允许买方终止合同,只需支付合同价格的3.5%即可。

即使是崩溃前,期货合同的合法性也是不明朗的。由于早期的价格操纵和东印度公司股票的空头袭击,导致1610年政府颁布法律,禁止在阿姆斯特丹证券交易所进行空头交易。这条禁令是否应用到新兴的郁金香期货市场,尚不清楚。最后,法院没有支持任何涉及郁金香交易的合同偿付请求,但是,地方上却试图作出清偿。

随着1637年2月郁金香交易狂潮落幕,事实上,交易价格的记录就不复存在了。价格不再公开地记录下来,仅仅是某位重要的种花者一份偶然的家产拍卖揭示了郁金香球茎价格曾经如此惊人。在1634年之前,从记录下来的销售合同中,我们只能得到少量的价格资料:由波塞摩斯(1929年)在其合同3号和合同4号中提及1612年出售的两颗球茎;1625年出售的三颗球茎,以及1633年出售的两颗球茎,其中后者亦由波塞摩斯(1934年)贡献。即便在前文图1中,"永远的奥古斯都"的价格也是基于未经考证的传言——正如索尔姆斯-劳巴赫（1899年）所说，这些传言源自17世纪20年代的历史学权威瓦森纳尔（Wassenaer）。

幸运的是，范·达玛（1976年）提供了1643年（也就是投机崩溃后）一次种植园拍卖涉及的球茎价格。球茎交易商J.范·达玛（与前文的范·达玛毫无关系）在这次拍卖里售出的球茎总价为42 013弗罗林。同样的标的在1637年2月售价为68 553弗罗林（那次交易为我们提供了郁金香狂热的大多数价格峰值数据）。

这个总价表明按颗销售的球茎价格并没有猛跌。尽管数量不大的球茎交易对于种植园总体收益而言无足轻重，但售价亦有明确记录（范·达玛，1976年）。其价格如下所示：

1颗图帕·米尔曼（Tulpa Meerman）　　　　430弗罗林
1颗弗鲁格·布兰特逊（Vrouge Brantson）　 25弗罗林
1颗罗特根斯上将（General Rotgans）　　　138弗罗林
1颗凡斯帕累特（Verspreijt）　　　　　　　582弗罗林
1颗弗罗杰·布兰特逊（Vroege Brantson）
1/4颗英国将军

另外，相关记录详细描述了种植园账目中的清算情况，包括一份1643年的现金支出清单（用于1642年购买球茎)。其价格如下：

半磅维特·科隆纳	37弗罗林10石
1颗可爱的范·德·爱克	225弗罗林
1颗英国将军的派生物	
1颗英国将军	210弗罗林

表9.1 崩溃后的球茎的价格

球茎	1637年1月	1637年2月5日	1642年或1643年	年均贬值率(%)[1]
1. 维特·科隆纳(半磅)	64	1 668(平均)	37.5	76
2. 英国将军(球茎)		700(25 azen球茎)	210	24
3. 可爱的范·德·爱克(球茎)		1 345(加权平均数)	220*	36
4. 罗特根斯上将(罗特根森)		805(1 000 azen)	138	35

* 如果是英国将军的派生物，价格则要下调5弗罗林。
[1] 相比1637年2月高峰时的价格。

那时，按颗交易的球茎品种在投机崩溃6年后依然能够高价卖出。上表所列4种球茎同样出现在1636年至1637年的交易市场中，其中维特·科隆纳是按磅交易，其他的球茎都是按颗交易。上表显示出1636年、1637年和1642年或1643年球茎售价的对比。

即便在 1637 年 2 月价格高峰期之后的 6 年，珍稀球茎——英国将军、可爱的范·德·爱克和罗特根斯上将——价格并没有出现异乎寻常的陡然下跌。下面我们将看到，这些球茎在此期间的价格变动，跟值得珍藏的品种典型的价格下滑走势相符合。

10 以后各世纪郁金香球茎的价格

18 世纪郁金香的价格

尽管人们可以得到这次崩溃后接下来几年这些球茎的少量价格资料,但是,有关郁金香价格详尽而完整的资料,却有大约 70 年的空白。虽然价格资料消失无影,然而,至少在这次投机中那些重要的郁金香品种的名称,却在崩溃后 32 年依然为人所提及。范·德·格龙(1669 年)提到过某个时髦的花园培育有那些郁金香名品,其中包括:弗罗杰·布勒恩伯格(Vroege Bleyenberger)、帕拉贡·格热伯(Parragon Grebber)、吉尔·恩德·鲁特·范·里登、可爱的范·恩丘森(Admirael van Enchuysen)、布拉本森(Brabansen)、塞内克(Senecours)、可爱的德·曼(Admirael de Man)、科勒纳兹、简·格瑞兹(Jan Gerritz)、干酪、塞瑞布罗姆(Saryblom)、斯韦特塞斯、帕拉贡·里芙肯和永远的奥古斯都。

多年以后,郁金香的高昂价格才在资料文献中有迹可寻，而且这些价格虽然高昂，但仍然比那次投机期间交易的价格要低。范·达玛（1976 年）复制了大量关于郁金香球茎交易和拍卖的通告，这些拍卖均刊登在诸如 17 世纪后半叶出版的《哈勒姆新闻报》上，但是，这些拍卖中没有价格记录。

表10.1　1637 年、1722 年和 1739 年郁金香常见品种价格清单

（单位：荷兰盾）

球茎	1637 年 1 月 2 日	1637 年 2 月 5 日	1722 年	1739 年
1. 可爱的德·曼	18	209		0.1
2. 吉尔·科隆纳	0.41	20.5		0.025*
3. 维特·科隆纳	2.2	57		0.02*
4. 吉尔·恩德·鲁特·范·里登	17.5	136.5	0.1	0.2
5. 斯韦特塞斯	1	30	0.05	
6. 永远的奥古斯都	2 000	6 290		0.1
7. 佐默松		480	0.15	0.15
8. 可爱的范·恩丘森		4 900	0.2	
9. 法玛		776	0.03*	
10. 可爱的范·霍恩			65.5	0.1
11. 可爱的里芙肯			2 968	0.2

注释：为了制作这张表，我假定一颗标准球茎的大小为 175 azen。所有的球茎假定都按标准重量交易，列举的价格依照既有的价格数据进行了相应的调整。如果在具体某一天球茎的价格不止一个，我列出的价格就是平均价格。

* 按 100 颗球茎售出。

表 10.1 显示了 1637 年 1 月 2 日、1637 年 2 月 5 日、1722 年和 1739 年球茎的价格。这些价格源自不同的渠道。克勒拉格（1946 年）提供的郁金香价格资料，其数据分别取自 1707 年 5 月 17 日在海牙和 1708 年 5 月 16 日在鹿特丹的拍卖清单；在鹿特丹的那次拍卖中，一位参加者偶然地给最后的交易价格添加了附注。虽然 1707 年的拍卖清单中包括了 84 种不同球茎的名称，1708 年的拍卖清单中包括了 12 种球茎的名称，但是，1637 年市面上常见的百余种球茎的名称都没有出现在清单上。克勒拉格只是复制了 1708 年那份价格清单的第一页。随着克勒拉格图书馆的解散，整份清单卖给了某位英国买家，因而我本人到目前为止无缘研究这份清单。

布拉德利（Bradley，1728 年）复制了哈勒姆一位花农 1722 年的球茎目录。在这份目录包含的上百种球茎中，大部分价格都低于 1 荷兰盾，唯有"罗马执行官"售价为 100 荷兰盾。要知道，这份清单确实包括了 1637 年郁金香投机期间交易的 25 种球茎的价格。

克勒拉格（1946 年）还提供了一份 1739 年哈勒姆的风信子和郁金香球茎价格目录。在这份目录里载明的几百种球茎中，只有 6 种是 1637 年市场上交易的球茎。有趣的是，这份目录中提到的"永远的奥古斯都"球茎，售价为

0.1荷兰盾。

其实从1637年1月开始——在这次投机到达顶峰之前——球茎价格的下跌便不容忽视。在一个多世纪里,球茎价格逐步下跌到1637年1月价格的1%、0.5%、0.1%,直至0.005%的水平。特别值得注意的是,不管球茎最初的价格有多高,所有按颗出售的球茎,价格都渐渐趋同于普通球茎。

表10.2包含了1707年那次拍卖的普通球茎价格,以及1722年或1739年的球茎价格清单。虽然这个时期并不像郁金香投机及崩溃时那样大名鼎鼎,但是球茎价格显示出同样明显下跌的走势。拍卖清单上出现的球茎多为新近开发出的珍稀品种,相对来说能卖出较高的价钱。1739年清单上的球茎售价最高只有10荷兰盾,而大多数售价其实低得多。普通交易商的清单上不会出现珍稀昂贵的球茎,相反,拍卖清单上也不屑提及那些普通又便宜的球茎。因为1637年的珍稀球茎到1707年已经变成了普通球茎,所以,它们的名称从拍卖清单上消失也就不足为奇了。

它们在一般的目录中出现的时候,已经随处可见,变得非常普通。在32年时间内,球茎价格逐步下跌至其最初价格的3%、0.25%甚至0.04%,实际上重演了郁金香狂热后球茎价格下跌走势的戏码。确实,1707年的贵重球茎,

表10.2　1707年、1722年和1739年郁金香球茎的价格　（单位：荷兰盾）

球茎	1707年	1722年	1739年	年均贬值率（%） 1702—1722年	年均贬值率（%） 1722—1739年
1. 特莱姆菲·德·欧罗巴	6.75	0.3	0.2		
2. 诺布尔首相	409	0.75	1.0	19	
3. 艾格尔·诺尔	110	10.0	0.3	33	
4. 罗依·德·弗罗斯	251	2.5	0.1	22	27
5. 戴蒙特	71		2.0	22	
6. 罗马执行官		100	0.12		40
7. 克泽·卡泽尔·德六世		40	0.5		26
8. 古德·佐恩·邦特洛夫		15	10.0		2
9. 罗伊·德·穆瑞台		15	2.0		12
10. 特莱姆菲·罗亚尔		10	1.0		14

资料来源：克勒拉格（1946年）和布拉德利（1728年）。

价格已大致接近于 1637 年的贵重球茎。

从新开发的郁金香球茎潮品价格的演化中，我们看到了这样的图景：最初的球茎（独一无二或者数量极少）往往售价奇高，随着时间的流逝，或者由于这一品种的快速繁殖，或者由于不断引进新的品种，先前的高价就会迅速下跌。至迟到 18 世纪，任何获得过珍稀球茎的人，都会理解这种预料之中的资本贬值标准走势。

为了将这种标准走势运用到投机市场崩溃后的时期，我设定，18 世纪的珍稀球茎 [诺布尔首相（Premier Noble）、艾格尔·诺尔（Aigle Noir）、罗伊·德·弗罗斯（Roi de Fleurs）和罗马执行官（Superintendent）] 售价至少要达到 100 荷兰盾。例如，罗伊·德·弗罗斯可以算作珍稀球茎，1707 年的价格是 251 弗罗林。到 1722 年，它的价格是 10 弗罗林，因此，这时它已经不再是珍稀球茎。从 1707 年到 1722 年，这种球茎的价格下跌了 96%，平均每年下跌 21.5%。把这个平均每年下跌 21.5% 的数字，与用同样方法计算出来的其他珍稀球茎的下跌数字平均后，就可以得出一个总平均数。

这些球茎的价格平均每年以 28.5% 的比率下跌。从表 9.1 中可以看出，1637 年 2 月那三种昂贵的球茎（英国将军、可爱的范·德·爱克和罗特根斯上将），到 1642 年，其价格相对于峰值，以平均每年32%的速度下跌。利用前述18世纪价格贬值比率作为基准（所谓的郁金香狂热后，高价球茎也遵循了这一基准），我们可以推断出，在1637年2月，任何珍稀球茎价格的下跌均不会超过其高峰时价格的16%。因此，对珍稀球茎来说，1637年2月的崩溃中，价格的落差并非大得离谱，而且没有严重影响稀有球茎价格的长期正常走势。

18世纪风信子的价格

为了更进一步给球茎价格的这种标准走势提供证据，现在我转向风信子交易市场。克勒拉格提供了18世纪至19世纪风信子的价格。18世纪初，风信子作为一种新潮花卉取代了郁金香的主导地位，而且人们又一次投入大量的精力来开发出漂亮的新品种。从1734年至1739年，类似于郁金香狂热的投机再次发生，结果导致政府重新印刷出版《加格特和瓦蒙特对话录》，以此来警告签订无约束力交易合同的行为。表10.3中说明了在这次风信子狂热中售价昂贵的球茎价格下跌的幅度。某些品种的风信子价格下跌至1735年价格的10%，与1637年投机市场崩溃时普通郁金香球茎下跌的幅度相似。

表 10.3　风信子的价格走势　　　　（单位：荷兰盾）

球茎	1716 年	1735 年	1739 年	1788 年	1802 年	1808 年
1. 克拉林*	100	12.75	2	0.6	—	—
2. 小可爱	100	—	1	1	—	—
3. 斯塔热容	200	—	1	0.3	—	0.3
4. 凡热登瑞克	—	80	16	1.5	—	—
5. 坎宁·塞索翠斯	—	100	8	1	1	—
6. 斯塔腾上将	—	210	20	1.5	2	—
7. 罗宾	—	12	4	1	1	0.5
8. 斯翠斯沃格尔	—	161	20	—	—	—
9. 密诺尔	—	141	10	—	—	—

球茎	1788 年	1802 年	1815 年	1830 年	1845 年	1875 年
10. 康·德·拉·寇斯特	200	50	1	0.75	0.5	0.15
11. 亨利·夸特	50	30	1	3	5	1
12. 范·多维兰	50	—	1	2	1.2	0.75
13. 弗罗斯·尼格	60	20	10	—	0.25 (1860 年)	
14. 雷克斯·鲁布罗鲁姆	3	1.5	0.3	1	0.35	0.24

资料来源：克勒拉格。

*克勒拉格提示，克拉林球茎最初售价是 1 000 荷兰盾，但是他没有指出这是哪一年的售价。

克勒拉格提供了诸多风信子品种入市后的价格清单。在表 10.3 中，我主要挑选了入市时特别昂贵的球茎的价格走势。注意，这种走势与 17 世纪和 18 世纪那些值得珍藏的郁金香价格走势非常相似。在 30 年左右的时间里，即便是售价最高的风信子球茎，价格也跌至其最初价格的1%至2%。无论当初售价昂贵还是便宜，风信子球茎的价格后来渐渐都接近于0.5至1荷兰盾。售价超过100荷兰盾的风信子球茎，平均每年的价格贬值率是38%，甚至稍大于郁金香球茎的贬值率。售价在10至80荷兰盾之间的风信子球茎，平均每年的价格贬值率是20%。

当代球茎的价格

在当代，新的花卉球茎品种也可能价值连城。然而，一般而言，球茎开发商会大规模地繁殖新品种。当人们生产出大量的球茎时，市场中的售价就会相对低廉。因此，原始球茎的价格往往无迹可寻。在原始球茎确实换过手的几个案例中，没有公布交易价格。1987年由哈勒姆花卉交易中心官方提供的信息表明，"非常特别的"郁金香球茎新品种，售价大约是每公斤5 000荷兰盾（根据1987年的汇率，相当于2 400美元）。少量的原始百合球茎售价100万荷兰盾（根据1987年的汇率，相当于48万美元；在1999年售价69.3万美元）；换句话说，这个价格相当于一所精美的房子、一辆轿车、一套衣服，以及几吨麦子、裸麦、黄油等。利用组织生长技术，这类球茎目前已经能够大量繁殖，因此，它们在市场上的售价也相对低廉了。

11 这一事件是一种"郁金香狂热"吗?

现在,我来分析这种郁金香价格的波动现象是否需要用"狂热"来解释。首先,我列出两个具有争议性的话题:(1)由于这一时期忙于反投机的道德说教,因而缺乏对时下经济灾难的描述;(2)名贵球茎的消失,或者其价格在经过较长一段时间后下跌得一塌糊涂,便足以表明这一事件有多么疯狂。其次,我将单独谈一谈这次投机中普通球茎交易的情况(从1637年1月2日到1637年2月5日),既有证据并未提供令人信服的解释。

声称的经济灾难在哪儿?

经济史著作对荷兰这一时期的重要事件和制度都记录得很详尽,但是,它们几乎没有提到这次郁金香投机事件。例如,《剑桥欧洲经济史》(*The Cambridge Economic History of Europe*)第四卷和第五卷虽然在其叙述中阐明了荷兰17世纪在欧洲所占据的领先地位,但是书中并没有提及郁金香事件。这个时期是以荷兰在商业和金融业取得辉煌胜利为特征的时期,而且直到"三十年战争"于1648年结束后,经济灾难似乎也没有在尼德兰地区出现。库珀(Cooper,1970年)确实提及这次郁金香投机,但他只用了一句话,把它作为荷兰在这个时期具有投机倾向的例子。沙玛(1987年)主要在波塞摩斯和克勒拉格研究的基础上详细讨论了这一事件,但是,他依然遵循了对这次狂热的标准解释。

不难理解为什么对这一时期的经济研究会忽视由这次投机产生的"经济灾难",因为长时期的价格上涨只在珍稀球茎中发生过,具有重要意义的农业资源并没有热衷于扩大其规模。克勒拉格(1946年)声称,18世纪下半叶以前,哈勒姆所有的花匠都将他们的花园建造在这个城市的围墙之内。花园可能很小,毕竟,同一品种的花卉集中大量出产,售价不会高企,这跟其他时尚货品不同。

由于普通球茎价格的惊人上涨仅仅发生在1636年9月球茎开始栽种之后,因而此番价格上涨也没能对1636年至1637年间的资源配置产生什么影响。如果说这次投机产生了什么效应的话,也可能仅仅是通过财富的分配来体现。然而,事实上财富几乎没有发生太多转移。在"学院"中由买方支付的手续费应该已通过大量的交易扯平了,当然,那份"酒钱"可以确定已经转到酒馆老板口袋里。另外，这次崩溃之后，只有少数交易需要结算；其中真正落实的更是寥寥无几。甚至具体的结算比率悬而未决也无伤大雅；毕竟没什么信用的人发起的交易，就算他赖账，信用减损对他而言也无甚影响。

金德尔伯格 1996 年在其新版《狂热、恐慌和崩溃》（*Manias, Panics, and Crashes*）一书（主要研究历史上诸多泡沫事件中的大众心理）专门增加了一章来论述郁金香狂热，这是旧版没有的内容。他在这一章批评了我的观点——郁金香狂热应当基于基本面因素来看待。他争论说，事实上存在郁金香持续繁荣的信号，因为从 1630 年到 1639 年（郁金香狂热结束后 3 年），荷兰东印度公司的股价翻了一番（9 年的时间足以让道·琼斯指数上涨了 4 倍，但这并不必然是非理性的信号）。然而，荷兰东印度公司股价上扬大多发生在 1636 年之后：从 1636 年 3 月的 229 点上涨到 1639 年的 412 点，3 年内几乎上涨了一倍。当然，西班牙军队于 1636 年进攻荷兰，这对东印度公司的股价产生了一些影响；而到 1639 年，阴云一扫而空——那一年，威胁东印度公司贸易活动的第二支西班牙无敌舰队被摧毁，形势看起来重回正轨。为了论证郁金香狂热对当时的经济产生的影响，金德尔伯格将"可能发生过的"经济灾难的时间从郁金香狂热时期延长到17世纪40年代。他说:"这种视角削弱了加伯的一个论点,即郁金香狂热可能子虚乌有,因为不存在大萧条的后果。事实上,从1650年到1672年荷兰经济获得迅猛发展之前,在17世纪40年代,其经济已出现了一定程度的下滑。"[14]

郁金香价格快速下跌:这是本性使然

1634年至1637年期间价格昂贵的郁金香,后来要么消失不见了,要么变成了普通品种,作为一个典型例子,就像18世纪郁金香和风信子以及今时今日花卉球茎的价格走势表明的一样,这是球茎潮品市场动力学的基本规律。球茎繁殖扩散,其价格自然会随着供应量的增多而下跌;但是,原始球茎拥有者却赚了大钱。对于某个新品种独一无二的那颗球茎来说,市场上不断下跌的球茎交易价格可以很容易地证明其绝对高价是有道理的。值得珍藏的球茎令人咂舌的价格及其下跌走势,与后来出现的珍稀球茎的新品种价格并无二致。18世纪按颗交易的球茎售价高达1 000荷兰盾。相比之下,从1623年到1625年,"永远的奥古斯都"售价为1 000至2 000荷兰盾,1637年甚至高达5 500荷兰盾,这些价格似乎并不算离谱。

普通球茎

对于这次投机,从既有证据中唯一得不到解释的地方就是,1637年1月普通球茎的价格一个月内突然暴涨了20倍。在1637年2月9日之后的相关价格资料无迹可寻,我们可以得到的最早的价格资料,已是1642年的(是一种普通球茎维特·科隆纳的价格)。

认为投机崩溃后价格跌至峰值的10%以下这种观点,显然源自官方提出按合同价格3.5%支付以终止合同这一举措。这未必反映出真实的价格下跌情况,只是政府为减轻买方巨额损失而提供的一种权宜之计。例如,假设某份期货合同确定一颗球茎的价格为500弗罗林,但是,在崩溃后其交割价只值350弗罗林。如果认真履行这份合同,那么,买方就会损失150弗罗林的资产。按照官方的替代方案则只需要支付17.5弗罗林,但是我们从这个替代方案中丝毫得不到崩溃后那些普通球茎的价格信息。认定价格大幅度下跌的作者从来没有引用过某一个具体的交易价格(因为找不到崩溃后的任何交易资料),他们肯定是从官方提议的合同终止费用这个百分比推断出他们的结论的——这只能说明他们研究了这个议题,仅此而已。

表9.1包含了半磅重的维特·科隆纳球茎的价格数据。从1637年2月5日的峰值到1642年,这种球茎的年均贬

值率为76%。依据表10.2中价格在10弗罗林至71弗罗林之间所有普通球茎的价格数据，可以统计出18世纪普通球茎的年均贬值率为17%。假定1637年2月过后，维特·科隆纳也是以这一基准比率贬值，那么，崩溃时它的价格必定先得暴跌至其峰值的5%，然后才能得出它在1642年那个37.5弗罗林的价格。换言之，维特·科隆纳的价格在1637年1月过后大约上涨了26倍，而在1637年2月的头一个星期，它的价格跌得只有其峰值的1/20。若以18世纪的年均贬值率为基准，从1642年的价格往前逆推，则1637年最高价格可达84弗罗林；由此可见，1637年1月那个价格（64弗罗林），并不离谱。

普通球茎价格的急转直下，可以从图6斯韦特塞斯的数据变化中得到确认。1637年2月5日，这种球茎的最高价格是每aas 0.17荷兰盾，显然此时正是市场的高峰期。从1637年2月6日和2月9日经过公证的合同中所载数据表明，斯韦特塞斯的价格突然跌至每aas 0.11荷兰盾。与1637年2月头5天的价格相比，这是一种实质性的价格下跌，但是，这个价格依然明显高于1637年1月23日的价格，而且这种价格波动跟前文推测的维特·科隆纳价格大起大落相比，不在一个量级。

由于名贵球茎在相当长的时期内涨幅不过200%至

300%，因而普通球茎相对价格的大起大落就是这次投机期间最显著的特征。即使可以获得这一时期市场中每天发生的事件的详尽信息，我们也很难找到关于这些价格波动的市场基本面的解释。很清楚，虽然这些价格在书面合同中有所反映，但是，可以说，它们是从"学院"中产生的。前面提到，"学院"催生的期货市场对合同的性质缺乏内在的约束和控制，它可能会鼓励这类投机。这些市场的参与者多是不太在乎公平正义的人，他们炮制数字不断上涨的"百万美元赌局"，彼此都心知肚明政府不会强制履行这些合同。因此，这只不过是冬日里喝酒时助兴的无聊游戏，参与者是一群被鼠疫阴云笼罩的人们，并且恰好利用了买卖兴隆的郁金香市场。

无论怎样，普通球径的价格波动均与我们从马凯及其众多的追随者那儿得来的关于郁金香狂热的景象无关，那种景象充斥的是按颗买卖的珍稀球茎令人震惊的天价和离奇交易。

确实，针对郁金香狂热如何不可思议的讨论，直到最近，均聚焦于稀有球茎，特别是马凯提到而为后世频频引述的那次荒唐至极的交易。关于此番交易，克勒拉格（1942年）声称[15]：

> 在有关这次郁金香狂热的诸多流行作品中，屡屡

提及一桩交易,在这桩交易中有一份清单,上面列出的各种物品总价高达2 500弗罗林或3 000弗罗林,这些物品换来了一颗总督球茎。甚至在一本国外的学术性著作中,作者没有经过进一步的研究,就假定这桩交易确有其事。

然而,这个故事讲述的是一桩不存在的交易。在一本讨论"风中交易"(即期货投机)的小册子中[16],可以找到问题的答案。这本小册子描述,1636年,一个人可以购买下列所有的物品,其花销仅相当于一颗郁金香球茎的价值:

2 拉小麦	448 荷兰盾
4 拉裸麦	558 荷兰盾
4 头强壮的公牛	480 荷兰盾
8 头肥胖的猪	240 荷兰盾
12 只健壮的羊	120 荷兰盾
2 桶葡萄酒	70 荷兰盾
4 吨啤酒	32 荷兰盾
2 吨黄油	192 荷兰盾
1 000 磅奶酪	120 荷兰盾
1 张包含寝具的床	100 荷兰盾
1 堆衣服	80 荷兰盾
1 套银制酒杯	60 荷兰盾
总计	2 500 荷兰盾

补充一句，运输所有这些物品的船只价值500弗罗林。这样，某人共有3 000弗罗林。但这3 000弗罗林可买不到最好的郁金香球茎（花匠如是说）。作为时下奇闻，仅供后世参考。

这一叙述的本意是为了给读者一个概念，以明白花在单个球茎上的金钱真实的价值。有人在重述这个故事时，增加了这样的内容：这次交易——他认定这次交易确实发生了——必然涉及"总督"，因为根据其他记录，此种球茎一颗就售价3 000弗罗林。从那以后，这个故事就广为流传。

克勒拉格补充说，没有其他资料证实发生过这种以物易物的交易，而且，在那个食物并不短缺的时代，什么样的卖家乐于进行这种交易，也是个问题。

金德尔伯格也不幸撞了枪口，成为"国外的学术性著作"又一个例子。身为作者，他忍不住传递这种奇谈怪论："其他对价由大片的土地、房屋、家具、金银容器、油画、套装和上衣、一辆马车和两匹灰色花斑纹大马组成；对于一颗价值2 500弗罗林的总督（珍稀品种），它相当于下列物品价格的总和：2拉小麦和4拉裸麦、8头猪、12只羊、2桶葡萄酒、4吨黄油、1 000磅奶酪、1张床、衣物若干和1套银制酒杯"（金德尔伯格，1996年，引自沙玛和克勒拉格的作品，第67页）。

即便是严肃的历史学家，沙玛（1987年）在引用前述克勒拉格提到的内容时，完全忽视了上下文，只强调交易匪夷所思。根据克勒拉格的说法，这桩交易从来就没有发生过。沙玛甚至把他本人的想象任意地编进这个故事："很可能，支付2 500弗罗林购买一颗总督球茎的是一位农民，他是以2拉小麦和4拉裸麦、8头猪、12只羊、2桶葡萄酒、4吨黄油、1 000磅奶酪、1张床、衣物若干和1套银制酒杯的形式付了款。"

即便这些故事如此明显不真实，但源自郁金香狂热的美妙段子却仿若猫薄荷（catnip）一般，对那些大肆宣扬泡沫的人具有不可抗拒的诱惑力。这些故事用于说教时是如此完美，以至于金融领域的布道者总想要为之提供用武之地；毕竟，在我们这个世界里，充满了担心金融末日就要到来的投资者。

第三章

巨型泡沫

12　绪论：密西西比泡沫和南海泡沫

这两次投机的金融动态在形式上惊人地相似。政府的默许和纵容是这两次策划的关键。在这两次投机中，每一次投机都牵涉到一家公司通过企业兼并，或者获取政府债券，来谋求其资产负债表的迅速扩张，公司通过连续发行股票来融资并给予政府巨额回报。随着价格的节节攀升，股票市场不断出现新的高潮。随着股价下跌，最后一波股票购买者损失至为惨重，而初期的股票购买者一般都获利丰厚。

对于在某次冒险投机活动中先后购买了相等的股票的投资者，亚当·安德森（Adam Anderson，1787年）对这类投机的动态作了清晰而妥当的描述：

> 某甲拥有100英镑的资产可供交易，虽然负债累累，但是他凭借其享有的特权和优势，声称其资产价值300英镑；某乙信赖某甲的过人才智和正直品格，请求后者接纳他为合伙人，并按照300英镑的资产定

价入手，促成了合作关系。其后这项交易被公布，且发现它增值很快，于是某丙以500英镑入场；接着某丁以1100英镑入场。至此，这份资产已凑足2000英镑。如果这种合作关系到乙进场时就结束，那么，甲就赚了100英镑，乙就亏了100英镑；如果这种合作到丙处时结束，那么，甲就赚了200英镑，丙就亏了200英镑，而乙不赚不赔；但是丁也进来了，于是甲赚了400英镑，乙赚了200英镑，而丙不赚不赔，丁亏了600英镑。确实，如果甲指出他提到的那份资产实际上价值4400英镑，那对丁并没有什么害处，而乙和丙则会感激甲。但是，如果这份资产一开始就只值100英镑，而且它的上涨仅仅是由于其后的合作关系，那么，必须承认，资产转到乙和丙的手中是被欺骗的结果，而倒霉又轻率的丁则成了冤大头。

作为旁观者，我们应该把这种交易和价格的结果解释为泡沫吗？从这些新的投资者的观点来看，事情的症结在于这项冒险的内在价值。

第一，如果最初的投资者谎称某项投机事业保证会获得丰厚的红利，但事实并非如此，那么他就会被判欺诈。然而，这些新的投资者会根据他们对市场基本面的认识来作出决定。这是一种信息不对称的情形，在这种情况下，赌徒就存在一种掩饰的动机。

第二，这位最初的投资者可能会利用股票交易中的若干流程来给那些早期投资者支付较高的红利。这就给新的投资者提供了这项冒险事业具有广阔盈利前景的具体证据。当然，这个最初的骗局就是著名的"庞氏骗局"。但是，既然那些"傻子"是根据他们对市场基本面的看法来采取行动的，那么就不存在泡沫。

第三，未来的巨额盈利实际上可能成为现实，因此所有的投资者都很满意。这种结果是那些成功的公司早期发展阶段的典型特征。在股价不断上涨的情况下，如果公司接下来增发股票，不仅现代投资银行不会感到惊讶，就连美国证券交易委员会也不会抬一下眉毛。在这种情况下，充满希望的市场基本面实际上已经成为现实。

第四，计划中的未来盈利虽然基于可以看到的绝佳证据，但还是可能不会变成现实。失败的迹象一旦突现，股价会急转直下，快速跌落。事后来看，自然很容易指出那些投资者盲目的愚蠢行为，如果情势过于极端，或许可以把这一事件归类为一次泡沫。正如《帕尔格雷夫政治经济字词典》（1926年）所说："任何没有信用的商业承诺均伴随着高度投机。"如果这个承诺在开始的时候似乎合情合理，而只有在事后看来是愚蠢的，那么，经济学家就应该把这一事件归为是由市场基本面驱动的。

  第五，所有的投资者都可能完全理解，这项投机事业根本就没有支付大笔红利的可能性，可以看到的仅仅是在总是上涨的股价中不断跟进的股票购买者。投资者买进股票，赌的是他们不会成为最后一波购买者。现代经济学作品将具有这类剧情的事件叫作泡沫或者连锁信（chain letter）。接下来，我们来考察密西西比事件和南海事件是否符合最后这种类型。

13 约翰·劳以及密西西比泡沫和南海泡沫的基本面

约翰·劳的金融体系

在由约翰·劳创建的货币理论和体系的语境下，人们可以透彻地理解密西西比泡沫和南海泡沫。[17]劳在今天不算太有名，但是，熊彼特（Schumpeter）身后出版的作品（1954年）中毫无保留地称赞他："由于劳才华横溢且思想深刻，他为其计划详细拟定出了一套经济理论，这使他站在了所有时代的金融理论家的前列。"

劳勾勒了一种资源闲置环境下的货币理论。在这样一种环境里，他［(1705年) 1760年，第190页至191页］认为，发行纸币将会持久地扩大真正的贸易，因而，增加对新货币的需求足以消除价格上的压力。如果要为一个伟大的经济计划融资，只需让企业家得到创设某些机制的权力，这些机制可以作为支付款项的工具。一旦得到融资，通过利用那些过去给浪费掉的资源，这个计划就足以盈利，从而证明它的债务是有财力作保障的,并由此建立公众的信心。

经济政策的鼓吹者及其理念,无论好坏,都是表面文章,不过是给政治家实施他们喜爱的计划提供方便的托词。1715年,劳的理念在法国得到了实施的机会。由于路易十四发动的战争,法国政府已经破产。政府拒付部分国内债务(1998年,俄罗斯重演了这一幕),强制减少支付其他到期债务的利息,即便如此,依旧逾期严重。高额的税费,加上遍布特权和减免的税收体制,使得法国的经济活动极度萧条。

法国的这种经济环境正好适合劳的计划,他很快就说服了当时法国的摄政王允许他于1716年开办一家名义上的、能够发行票据的银行——通用银行。1717年8月,劳组建 Compagnie d'Occident(后来的印度公司)垄断了与路易斯安那州的贸易及在加拿大的海狸皮贸易。这条生意线路就是"密西西比"这个词的来源(这个词描述了劳的货币理论体系的特征)。

为了给这家公司融资,劳对其股票采用了如下办法:一部分可用现金认购,但绝大部分要用政府公债购买。然后,他把政府债务兑换成长期公债年利,从而减少了政府支付的利息。

这种理念就是要建立一种稳固的"信贷资金",即增加某种现金,在融资过程中,它能够通过杠杆作用来担保那些庞大的商业计划,这正是劳那套经济理论的核心。劳的计划,本质是先弄来运作的资金;一旦这一金融结构得其所在,自然就会导致商业活动的扩大。

实际上,在劳的计划掩蔽下,法国人只关心这些公债与自己直接利益有关的事情,等待着由劳那套理论所承诺的商业活动全面扩张的实现,并以此来支持该公司股价。

14 约翰·劳的金融动作

劳这家公司确实增加了它的商业活动,1718 年 9 月取得了对烟草销售的垄断权;1718 年 11 月,控制了与非洲贸易(其实就是奴隶贸易)的塞内加尔公司。[18] 1719 年 1 月,通用银行被摄政王接管,改名为"法兰西皇家银行",于是,这家银行摇身一变,成了由国王管理并可发行票据的皇家银行。劳仍然控制着这家新银行。1719 年 5 月,他获得了东印度公司和中国公司,然后,他将整个集团重组为印度公司,这个组织垄断了法国除欧洲以外的所有贸易。

1719 年 7 月 25 日,印度公司买下了准备铸造 5 000 万里弗尔的铸币权,15 个月内付款交割。里弗尔是一种数量单位,它是在劳主政时期官方根据金银的重量来估定其价格的专用单位。为了给这个项目的支出融资,劳以每股 1 000 里弗尔的价格发行了 50 000 股股票,条件是股票购买者需持有 5 股以前发行的股票。股价随即上涨到了 1 800 里弗尔。

1719年8月,印度公司揽下了征收法国所有的间接税的特权,每年支付给政府5 200万里弗尔。接手法国税收体系的行政管理是与劳的观点相一致的,即简化了的财政制度有益于商业的发展,而且还降低了征税的成本。劳认为,税费应该具有广泛性,额度低,而且没有豁免或者特权。劳着手重组税收系统的班底,因为降低了的征税成本将成为公司利润的来源。1719年10月,他接管了直接税的征收工作。这时,股价上涨到了3 000里弗尔。

最后,劳决定通过印度公司偿还国家的大部分债务,该债务的票面价值总额高达15亿里弗尔。哈尔辛(Harsin,1928年)估计整笔债务的票面价值大约为20亿里弗尔;由于此前的拖欠和逾期,这笔债务的市场价格远远低于其票面价值。

为了给这笔巨额债务融资,劳先后于1719年9月12日、9月28日和10月2日应承了三次股票的发售。在每一次扩股中,印度公司均以每股5 000里弗尔的价格售出10万股,可以分期10个月支付,每月支付一次。付款既可以用公债的票面价格支付,也可以用皇家银行发行的票据支付。因此,到1720年8月,由于股价已经上涨了很多,足以让劳凑足那笔债务的票面价值了。

在印度公司发行和出售的54万股股票中,法国国王就持有10万股，因此可以算作是这个计划最有力的靠山。另外，印度公司本身还持有10万股能够售出的股票。密西比事件和南海事件的研究者们认为，印度公司持有自家股票的这个数量值得注意。由于批准发行的股票是有限度的，因此当价格上涨时，公司持有的股票就给公司的金融活动添油加火般提供了现金的来源。

获得这笔债务创造了一笔巨大的"信用资金"，这是一笔来自政府的稳定的收入流，公司可以把它当成资产净值，以备印度公司任何可能的商业投机之需。与此同时，印度公司还将国家应该支付的利息减少为每年3%。通过这些运作活动，到1719年10月，印度公司股价飙升至1万里弗尔。

后来，印度公司发行和售出的股票市场价值达到54亿里弗尔，几乎达到公债市面价值的4倍。这是印度公司最确实的资产。根据劳的看法，他估计当时法国全国的财富是300亿里弗尔。

到1720年1月，劳达到了个人权力的顶峰，当时，他被任命为法国的总审计长和财政总监（Superintendent General of Finance）。作为一名官员，劳此时控制了法国政府所有的金融活动和财政收支，以及法国皇家银行的钱币铸造。与此同时，他还是一家私人公司的首席执行官，这家公司控制着法兰西所有的海外贸易及其殖民地的开发、征税、铸造硬币,还大量持有法兰西的国债。国王是这家公司最主要的大股东。对所有人来说,再明显不过的事实是,印度公司如果要推行它所选择的任何商业计划,政府都不会设置障碍,它也不会遇到金融上的困难。确实,自古以来,没有哪个经济学家能够拥有比劳更好的条件来实验一种主流的经济理论了。

图 14.1 说明了这次密西西比泡沫的变化过程。其股价上涨的阶段与此时印度公司不断扩张的活动相一致。

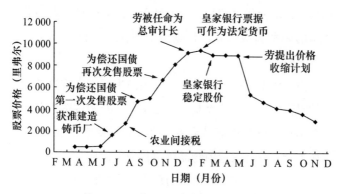

图 14.1　1719 年至 1720 年印度公司股票走势

然而,到了最后,印度公司所选择的商业计划就是印刷纸币。从 1719 年 7 月发行股票开始,法兰西皇家银行增加了它的纸币发行,以助长股票交易。每一次政府批准其扩股，都同时授权它发行纸币。

例如，以前仅批准它发行1.59亿里弗尔，而1719年7月25日，皇家银行获准发行2.4亿里弗尔。扩大到2.4亿里弗尔的发行量是与当年9月和10月的股票发售联系在一起的。公司分别于1719年12月29日和1720年2月6日额外发行了3.6亿里弗尔和2亿里弗尔纸币。这两次没有增发新股。为了便于比较，哈尔辛（1928年）估计，法国的总币值（铸币）大约为12亿里弗尔。印制发行的纸币被用来给那些股票购买者提供贷款。这样做减少了流通股票的数量，取而代之的是银行的纸币。因为劳把股票看作是货币的一种高级形式，根据他的看法，这样做不会增加"货币供应"。

由于股票价格不断上涨，股东们为了最终将这些大涨了的财富实实在在地控制在自己手里，开始试图将其增加的资本兑换成当期商品或者黄金。如果要满足这种需求，市场上就需要有大量的物品可以供应。然而，这种要求在现实中根本不存在。依据劳的理论，这个计划一旦结出硕果，自然就会从高昂的股价中产生合理的供求平衡。即便劳的这次运作有机会偿清债务，但是，通过把股票作为法定货币，他这次短期的金融运作对该计划也会造成致命的金融风险。

1720年1月底,由于越来越多的人试图把增加的资本兑现成金币,股价开始下跌至1万里弗尔以下,股价的下跌直接威胁到劳利用"信贷资金"开展商业扩张的能力。

1720年1月,劳通过颁布法令,禁止用金属铸币支付100里弗尔以上的金额,以此限制硬币的使用。1720年2月22日,印度公司全盘接手法兰西皇家银行。皇家银行的纸币被指定为支付100里弗尔以上款项的法定货币。与此同时,国王以每股9000里弗尔的价格把他的10万股股票卖给了印度公司。在这笔巨额款项中,有3亿里弗尔立即存入国王在皇家银行的账户,余款在10年内付清。之后,印度公司停止用纸币支持其股票的价格,结果促使股票陡然大跌。因此,最为有权有势的知情者,其实在接近投机的高峰时已经悄悄地溜走了。

劳批评了那些试图把股票兑换成真金白银的头脑简单的股东们,因为法兰西王国没有足够的黄金来满足这类需求。劳声明,如果把这些股票看成一种资本投资,不要频繁地买进卖出,股票持有者就可以长期收到令他们满意的红利,这样做的话,这只股票就具有很高的价值。劳断言,股东得到的红利略高于当前的利息。[19]

1720年3月5日,股票价格稳定在9000里弗尔,因为皇家银行现在直接进来干预,即用它发行的纸币来兑换印度公司的股票。通过以每股9000里弗尔的票面金额将股票有效地兑换成纸币的政策，劳的这一理论——带有冒险性的商业计划可以通过使债务流通起来的发行工作而为自己融资——变成了现实。到1720年5月21日干预结束时，通过股东来购买股票，这个稳定计划分别于3月25日、4月5日、4月19日和5月1日产生的法定货币规模达到3亿里弗尔、3.9亿里弗尔、4.38亿里弗尔和3.62亿里弗尔。皇家银行法定纸币的流通量在大约一个月之内翻了一番。

同时还使货币资本翻了一番，因为到那时候，用于流通的金属货币资本不复存在了。为了彻底消除金属铸币的流通，以维护纸币可兑换性的表象，劳在此期间采取了一系列硬币贬值的严厉措施。这种引人注目的金融扩张的结果是，从1719年8月到1720年9月，法国当时平均每个月的通货膨胀率是4%，1720年1月最高峰时通胀率达到23%，商品价格指数从1719年8月的116.1上涨到1720年9月的203.7（汉密尔顿，1936年至1937年）。图14.2描述了银行纸币发行的结果是如何推动通货供应及其价格指数水平的。

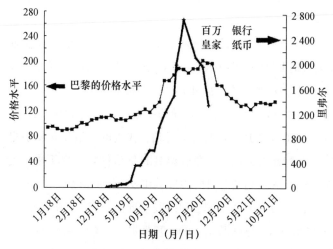

图 14.2 密西西比泡沫时的货币和价格数据

劳认为股票价格炒得太高了，于是，1720年5月21日，他出台了一个严厉的通货收缩方案。[20]股票价格在12月1日之前分7步从9 000里弗尔下跌至5 000里弗尔。银行纸币的价值缩水至其票面价值的50%，这就是说，他强迫皇家银行的债权人进行了重组。这个计划进行到12月，票面资产价格总共只剩下23亿里弗尔（13亿里弗尔是银行纸币，10亿里弗尔是股票）。实际上，这种减少通过各种不同的方法实现。当劳于1720年5月底被赶下台后，劳的计划（即简单地降低银行纸币的票面价值）一度被政府遗弃。然而，劳又很快官复原职，主持工作，继续推行收缩政策。

到 1720 年 10 月，只剩下 12 亿里弗尔纸币还在流通（高峰时是 27 亿里弗尔），而 12 亿里弗尔硬币又重新出现了。硬币很快根据 1720 年初的价格重新定价。

到 1720 年 12 月，商品价格指数已经下跌至 164.2。因此，1720 年 2 月开始的这一时期，代表的是股票价格被皇家银行稳定的初期——即股票具有货币性质。接下来，则是由劳一手策划的有目的的货币和股价紧缩时期。

1720 年 9 月，印度公司的股票价格跌至 2 000 里弗尔，到 1720 年 12 月则跌至 1 000 里弗尔。如今，劳的对手当权，他们对印度公司实施了充满敌意的政策，即将印度公司发行的三分之二的股票没收。这在历史上留下了浓墨重彩的一笔。到 1721 年 9 月，印度公司的股票价格跌至 500 里弗尔，大约相当于它在 1719 年 5 月的价格。

15　密西西比泡沫市场基本面新解

经济学家应该将印度公司股价的上涨仅仅概括为"密西西比泡沫"吗?毕竟,在这只股票价格上涨的背面,隐藏着劳的计划——通过金融创新和财政改革,重新恢复法国经济的元气。劳的理论表面看上去好像很有道理,甚至具有许多现代特征,而且,他还是一位卓有成效的宣传家。投资者也能很容易看到劳在通往权利道路上平步青云。渐渐地,当这次经济实验的推行变得真切,他们就得把成功的这种可能性兑现成印度公司的股价。

只要知道金融政策里的重要变动,以及印度公司股票与皇家银行纸币的发行之间存在的内在联系,人们很容易理解印度公司股价下滑的原因。股票之所以最后下跌至最初的发行价格,是由于劳大权旁落以及他的对手接管造成的,后者的目的就是要摧毁印度公司。

劳承诺的扩张从来没有成为现实,这并不意味着当时的经济产生了现代意义上的泡沫。毕竟,一种令人信服的经济思想在实践中失败了,这不是最后一次。具有不俗声望的现代经济学家成群结队地把凯恩斯的经济理论——供给经济学、货币主义、固定汇率管理法、浮动汇率管理法和对资产市场的理性期望的信念——描述为足以引致重大灾难而失效的计划。

只有在某种经济理论经过实验运行以后,投资者才能知道这种理论是否有缺陷。投资者把随之而来的崩溃和他们在事发后的愚蠢行为归因于泡沫,这种判断不应该影响经济学家对这种事件的解释。根据现代经济学的定义,这种事件从市场基本面来看是很容易解释的。金融运作想取得成功,就需要从投资者那里获得一定程度的持久的信赖。金融是所有理论解释的急先锋。在任何融资收购或者公司并购中,首先是股票价格涨得很高,紧随其后的是逐渐扩大的收益。如果这个计划是为短期基金融资,当投资者突然对计划失去信心时,他们就可能将一个潜在盈利的项目变成一个破产的窟窿。

劳的计划比华尔街上的标准计划更大胆。在这个计划中,他试图完全接管法兰西整个国家。但是,劳的原则也是金融先行;金融运作和流通信用的扩张是经济扩张的驱动力。从现代观点看,这个理念并没有什么缺陷。而且它正是过去两代人撰写的大多数金融和宏观经济学教科书的核心内容，以及经济政策制定者关心的未充分就业的经济问题之焦点。实际上，日本央行最近被迫把政府的长期国债作为法定货币的举措，就是一个与劳的计划非常相似的计划。

劳的失误在于，他认为日渐加速的价格暴涨与他的理论预测不一致。他启动的通货缩胀方法类似于现代经济中任何试图消除过多的债务负担而采取的调整政策。由于计划中股票价格的下跌，外加他大权旁落造成的随之而来的股价暴跌，他的实验被冠以"泡沫"之谓而声名狼藉。当有些现象超出了现代经济政策制定者的智力所能把握的范围时，他们只会简单地迁就这种继之而来高达10倍的价格暴涨，说不定还能获得诺贝尔奖。

16 劳的阴影：南海泡沫

劳针对法国债务融通资金的计划推行之后，1720年1月，南海公司也启动了一个类似的计划，以揽下英国政府的债务。然而，英国的这次金融运作计划比劳的金融计划简单得多，南海公司既没有大张旗鼓地接管商业公司，也没有插手政府职能，如铸币、收税或印制法定纸币。

1720年，英国国债面值高达5 000万英镑。其中，1 830万英镑由英国三家最大的公司持有：英格兰银行持有340万英镑；东印度公司持有320万英镑；南海公司持有1 170万英镑；私人持有的可赎回政府债券达1 650万英镑。这些债券可能很快会被临时催收。在这笔债务中，有1 500万英镑为定期赎回年金，包括期限72年至87年的长期年金，以及期限22年的短期年金。

偿还协议

1720年，南海公司的资产由英国在南海（西班牙在美洲的殖民地之统称）贸易的垄断特权及其持有的政府之债组成。根据约定，这些垄断特权包括，英国在南海进行的小规模贸易，特别是奴隶贸易。众所周知，英国跟西班牙在美洲的殖民地之间的贸易，受到西班牙政府的百般阻挠，往往无利可图，因此，只有那些政府债务才是南海公司的故事中唱主角的部分。经过南海公司与英格兰银行之间的竞标，1720年3月21日，英国国会通过了南海公司偿还债务的议案。南海公司提出，如果它能拿下民间持有的3 100万英镑的国债，它就同意支付给政府750万英镑。

为了给这些国债融通资金，政府批准南海公司增发股票，每股面值为100英镑。对于长期年金和短期年金，南海公司分别以每100英镑年金折合2 000英镑和1 400英镑的股票来处理。对于可赎回债券，公司以每100英镑债券折合100英镑股票来处理。

股票的数量根据发行的总面值来设定。对这一事件的大多数研究延续了这一惯例，并强调股票的市场价格与股票面值的差别。南海公司可以自由地设定股票与债务的兑换率。它给债转股的定价远高于股票面值，导致股票超量，而后者（这些股票）在市场上是可以自由流通和买卖的。斯科特（1911年）通过换算，将这些多余的股票算作公司的"盈利"。有种古怪的观点认为，公司持有的本公司股份代表了公司的一种资产,这种观点在对南海公司的晚近研究中再次出现。例如,迪克森(Dickson,1976年)就把南海公司持有的自家股票列入其资产中。

南海公司揽下的国债由政府每年支付5%的利息,且这一利息维持到1727年,之后每年的利息减少为4%。这意味着政府每年为偿付债务而支出的费用大大减少。

议会购买

为了使得清偿议案获得通过,南海公司用股票向议会要员和国王的亲信行贿(斯科特,1911年)。加上随后在1720年整个8月份的认股申购,众多议员和政府官员都参与其中,而且,大多数人凭借他们的股票从南海公司收到大笔的现金贷款。例如,在第一次现金认股申购时,英国国会中,得到股票的议员有128位;第二次认股申购中有190位;第三次有352位;第四次有76位。他们手头持有的股票总面值达到110万英镑。在英国贵族中,参与第一次认股申购的有58位,第二次有73位,第三次有119位,第四次有56位。贵族手中的股票总面值达到54.8万英镑。在清偿计划启动之前,已经售出的南海公司股票面值为1 170万英镑。到这次投机活动结束,全部股票面值已经达到2 280万英镑。其中,议会成员在新增的股票中占了

17%的份额。此外,正如迪克森解释的那样,132位议员在购买股票时获得了110万英镑贷款,64位贵族获得了68.6万英镑贷款。政府官员在这些认股申购中获取了面值达7.5万英镑的股票。

虽然这些贿赂给该事件蒙上了一种不祥的色彩,但是它们本身却不是一场正在逼近的骗局的信号。此时,对公司来说,如果想从议会获得好处,贿赂并非异乎寻常的行为——除非议员得不到他们要的那份,否则,议会就不会阻碍任何有利可图的投机。

实际上,英国国会和政府是如此热心地支持南海公司提出的清偿计划,这一现象就已经表明,南海投机事件中官方的合作必定是一种被收买的行为。议员们持有的股票数额太大,以至于他们对南海公司此后提出的任何商业计划都没有半点反对的兴趣。在劳的商业扩张理论影响下,南海公司的资产当时已经通过融资手段去推行那些商业计划,后者将驱动经济实现更高层次的就业均衡。产生的收入不会受到议会的干涉,可以增加公司的价值——那时候在理论上已经证明了这些资产最初价值的合理性——倘若真的存在诸如此类的商业计划的话。

17 南海金融操纵

图 17.1 描述了南海公司股票价格在这次投机事件中的波动情况。1720 年 1 月，从用 120 英镑购买面值 100 英镑的南海股票开始，当清偿议案还在协商的过程中，股票的价格就一直上涨。3 月 21 日，清偿议案获得通过，南海公司的股票价格从大约 200 英镑跳升至 300 英镑。

为了给约定的贿赂提供资金，同时为股东预备贷款，南海公司于 4 月 14 日和 4 月 29 日分两次提供现金认股申购。在第一次认股申购中，以每股 300 英镑的价格发行了 22 500 股，认购款的 1/5 需立即用现金支付，剩下的认购款每两个月支付一次，分 8 次付清；在第二次认股申购中，以每股 400 英镑的价格发行了 15 000 股，认购款的 1/10 需立即用现金支付，剩下的认购款每隔 3 个月或 4 个月支付一次，分 9 次付清。从这两次发行申购中，南海公司迅速赚到约 200 万英镑来兑现其承诺的贿赂。

第一次债转股旨在说服定期赎回年金的持有者同意用

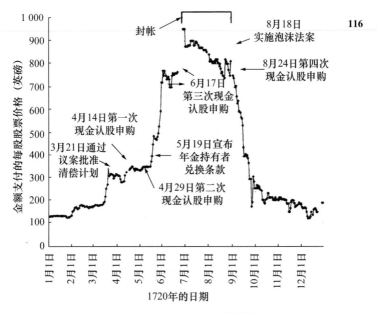

图 17.1　南海公司股票在 1720 年每月的价格

南海公司的股票作为交换。认股申购开始于 4 月 28 日。南海公司于 5 月 19 日宣布其兑换条件，允许国债持有者用一周时间来决定是接受还是反对这一与年金类型挂钩的兑换条件。例如，100 英镑长期年金的国债可兑换 700 英镑面值的股票（7 股）及 575 英镑的债券和现金。确定这一出价时，南海公司的股票正在以每股 400 英镑的价格交易。因此，一份长期年金此时售出的价格大约是 3 375 英镑。斯科特（1911年）估计，兑换条件实施前，这种年金的市场价格大约是1600英镑。既然年金持有者只有在股票价格跌至146英镑以下时才会有所损失，那么，这一出价就具有极大的吸引力。

所有在通告发布前已经认股申购的政府债权人同意了南海公司的条件。根据迪克森（1976年）的研究结果，南海公司在此次认股申购中，吸引了52%的短期年金和64%的长期年金。显然，公司将会把绝大多数未经偿付的国债吸引过来，公司股价便迅速上涨到每股700英镑。

为了拥有足够的现金进行市场价格的操控并给股东提供贷款，南海公司于1720年6月17日启动第三次现金认股申购。此次认购以每股1 000英镑的市场价格售出了面值500万英镑的股票，即50 000股。购买者必须支付1/5的现金，剩下的认购款分9次付清，每隔半年支付一次。股票价格立刻从745英镑跳升至950英镑。最后一次现金认购股票是在8月24日。南海公司以每股1 000英镑的价格售出面值125万英镑的股票，共12 500股。其中，认购款的1/5必须立即支付，余款分4次付清，每隔9个月支付一次。从6月24日至8月22日，为了准备支付红利，南海公司暂时封账。因此，图17.1所示这一时期的市场价格是期货价格。

最后，南海公司又为政府公债发行了两次认股申购，可赎回公债和不可赎回公债的兑换条件分别于8月4日和8月12日宣布。在已发售的1650万英镑可赎回公债中，1440万英镑换成了18900股股票，以市价每股800英镑计算，每100英镑公债兑换105英镑股票。可赎回公债可以由政府随时兑付。因此，虽然这个价格似乎比不可赎回公债的价格低，还是被广泛接受。剩下的不可赎回公债可以用不同数额的股票和现金交易。通过债转股的方式，南海公司获得了80%的不可赎回公债，以及85%的可赎回公债。

价格暴跌

南海股票的价格从1720年8月31日的775英镑暴跌至10月1日的大约290英镑。认购售出的股票或向大众发行的经公司登记的股票数额达212012股。因此，1720年8月31日南海公司股票的全部市值是1640万英镑，一个月内就蒸发掉1030万英镑，其数额超过最初政府巨额债务的两倍。

这一事件的研究者，如迪克森（1911年）、斯科特和尼尔，他们对这次价格下滑的速度和巨大跌幅的原因含糊其辞，只是笼统地归因于一种流动资本的危机现象。南海投机带动了其他公司和无数新创建的"泡沫公司"股票价格的同时上涨。由于这些公司的出现——他们大多数都是骗局——产生了许多关于这次投机事件的奇闻逸事,留传至今,令人捧腹。然而,在1720年的投机中诞生的许多公司名字听上去却安全可靠,著名者如皇家保险公司和伦敦保险公司。资本流进这些公司的途径引起了南海公司董事们的注意,他们已经为收买议会支付了一大笔资金,不希望看到南海公司的潜在利润被那些未经批准的商业公司稀释。接下来,英国国会在1720年6月通过了"泡沫法案",解散了所有的泡沫公司,禁止现有公司的特许权延及新的非法投资。

1720年8月18日,当英国政府实施"泡沫法案"来对付南海公司的若干竞争对手时,那些受此牵连的公司股票随即大跌。由于这些股票大部分是靠差价来维持,因而所有公司(包括南海公司)的股票引发了连锁反应,均遭受巨大的抛压。与此同时,在国际上,随着密西西比计划崩盘引发了连锁反应。这些国际事件耗尽了英国市场的流动资本。尼尔和舒伯特(1985年)提供了这一时期大规模资金运动的证据。

由于股票价格的暴跌,南海公司遭受到股东的敌意攻击,尽管这些人参与了南海公司的债转股计划和货币认购。

国会也迅即掉转矛头，最后，迫使南海公司售出其部分债券给英格兰银行。英国国会最终还没收了南海公司董事和几位政府要员的财产（200万英镑），并直接介入南海公司赔偿事宜。国会同时作出调整，在不同时段的认购者中重新分配股票数额，从而减少了较晚的认购者的损失。最后，国会免除了南海公司签订合同中约定的710万英镑的优先兑付权。

18 南海公司的基本面

121   1720年9月初，南海公司股票的市场价格是每股164英镑。支撑这一价格的可以看得见的资产是，南海公司宣称政府每年支付（直到1727年）的190万英镑固定收入，以及1727年之后每年支付的150万英镑收入。以长期贴现率为4%计算，这笔资产价值4 000万英镑。与之相对的是，南海公司同意为年金优先权支付710万英镑，还得为一个价值高达2 610万英镑的净资产支付600万英镑的债券和现钞。此外，南海公司的应收现金包括贷给股东的1 100万英镑借款，以及货币认股申购者的7 000万英镑。因此，南海公司的股票价格超出其资产价格6 000万英镑以上。即便假定南海公司声称的那笔令人生疑的现金确实存在，其股票价格也超出其有形净资产5倍甚至更多。

有什么无形资产能够证明南海公司股价的合理性呢？
122 答案就在劳的预言中，即商业扩张与信用资金的积累联系在一起。南海公司成功地将这种资金汇聚起来，并且显然

在其投机活动中得到了议会的支持。正是基于这一点,斯科特(1911年)相信,每股400英镑的价格并不过分。他说:

> 还要补充的是,18世纪的头25年,由于市场拥有充裕的资本,使得商业产生了巨大的需求,因此,在现在这种完全不同的条件下,对那时的资本来说,我们几乎不可能对存在着许多有前途的出路准确地作出估计。事实上,由单一的一种单位组成的资本可以用于多种方式的投资,所以,南海公司股票的溢价是合理且可以维持的……因此,我们会觉得1720年以300英镑或400英镑购买南海公司股票的投资者可能是过分乐观了,但是,至少存在一种可能性,即投资者相信将来他们会获得回报。

当这次尝试还处于融资阶段时,它就因危机的出现和英国议会支持的撤出而宣告结束。回想起来,任何回报高到足以证明南海泡沫中如此高价格股票是合理的商业计划,其策划者可能都太乐观了……然而,如果把此事件看成一个案例——投机者以最优的经济分析为基础而行事,并依据他们关于市场基本面的灵活观点来推动价格——那么,这一事件就很容易理解了。

19 结 论

123 在经济学和金融学的行话中，存在着无数与任何合理的经济解释相矛盾的、由市场决定的资产价格的表达方式。一看到诸如郁金香狂热、泡沫、连锁信、庞氏骗局、恐慌、崩盘和金融危机这样的术语，人们立即就会想起疯狂而无理性的投机活动。最近，同样的术语，或者可以说是过去那些术语的现代版本，如从众、非理性繁荣、蔓延，已经被媒体、学术界和政策制定者用来描述1997年、1998年和1999年这三年的危机。

这些词语一直被用来争论在反复无常的特殊时期金融市场中的非理性。这些术语中有许多词是从特别的投机事件中产生的，而这些事件多年来频频发生，以至于它们支撑着这样一种强有力的流行信念，即关键的资本市场会产生非理性、无效率的定价和配置结果。

这类争论的辩护者总是无法抗拒三大著名泡沫——荷**124** 兰郁金香狂热、密西西比泡沫和南海泡沫——的魔咒。对现代金融事件来说，过去发生的这种如此明显的疯狂被他们当成唯一的、必然的解释，因为他们用其心爱的经济学理论无法解释现代发生的金融事件。

然而，在我们将一种投机事件归结为从基本面看令人费解之谜，或是由大众心理学驱动的泡沫范畴之前，我们应该竭尽所有合理的经济学理论解释。由于经济现象固有的复杂性，这样的解释往往很难形成。但是，泡沫却常常被人们作为一种最先的理论解释而不是最后的诉诸路径。确实，"泡沫"特征应该是最后一种解释，因为对发生的事件来说，泡沫属于一种"无解释"，只是我们附加给某一金融事件的一个名称而已，且我们并没有对这一金融现象进行充分的理解。用大众心理学来解释永远是意思不确定和无法测量的，它只会使我们的解释陷入同语反复，在一种自我欺骗中试图说出比承认困惑更多的东西。

金融市场的观察家们被那些重大投机事件的辉煌灿烂所吸引，他们草率地用泡沫来加以解释，而忽视了对潜在的市场基本面的考察。对郁金香狂热的平庸解释唾手可得，而且这种解释在经济投机的万神殿中占据主导地位，这是一种明白无误的迹象，表明泡沫和狂热这些特征如何使我们在信息内容最集中的地方偏离了正确理解这些事件的方向。这种泡沫解释将远为重要的密西西比事件和南海事件归属于一种来自大众心理学的病态描述。然而，这些事件确实是一次广泛的宏观经济和金融的实验，他们在一定规模上被利用，并受其主要的理论设计者一定程度的控制，直到20世纪的战争年代，这类事件没有再发生过。确实，这些实验均告失败，有的是因为其理论基础本质上就存在缺陷，有的是因为这些实验的管理者缺乏完成实验所需的复杂的金融技巧，而这些技巧对确保日常战术的成功实施必不可少。但是，投资者不得不把宝押在这些实验潜在的成功前景上。奇怪的是，金融学家的学生和经济学家的学生一样，都接受了这样一种观点，即认为这些实验的失败证明，那些投资者错在愚蠢和无理性。

有一种观点认为，郁金香狂热、密西西比泡沫和南海泡沫是造成人们提出资产定价泡沫理论的基础。这种观点向我们提供了这种研究为什么会背离根本原因的要领。如果特殊事件的少数阶层支持泡沫可以存在这一信念，那么，人们就会希望对这些事件进行细致的研究，以便确信没有忽视其他合理的解释。在大部分这类事件中，人们至今还没有从资产定价的市场基本理论角度对它们进行考察。

最后，人们可以拣自己喜欢的观点：用泡沫或大众心理学理论的解释，又或是对事件的市场基本面的解释。本人的观点是，泡沫理论是最容易的一种解释方式，因为这些理论只是对我们不能轻易解释的资产价格波动的原因简单地加上一些名称而已。由于泡沫理论是同语反复，它们永远不能被驳倒。本书的目的就是，用经济方法和可以驳倒的内容来寻求合理的解释。

附录 I
大众作品和经济学作品中的郁金香狂热

这次郁金香投机的编年史记录者和引用这个事件的现代作家,理所当然地认为这是一次狂热,他们选取这一事件中的种种片断来强调当时市场结果的非理性。

虽然马凯只用了 7 页的篇幅来描述郁金香狂热事件,但是,他的版本对 20 世纪金融市场的参与者和观察家的思想却产生了重大的影响。伯纳德·巴鲁克(Bernard Baruch)给马凯的这本书写了一篇导论。在导论中,他不仅对重印此书表示支持,还强调了在所有经济行为中大众心理学的重要性。德莱曼(Dreman,1977 年)强调了心理因素在决定资产价格时影响甚巨,并把郁金香狂热当成是市场狂热的样板。德莱曼也谈到了马凯提及的那桩逸事,在讨论历史上屡屡发生的重大投机崩溃时,他把郁金香狂热看成是一种恒久不变的比喻:

例如,如果我的邻居试图出价 5 000 美元卖给我一支郁金香，我只会笑话他……然而，在这次郁金香狂热中，像我们很快就会看到那样，一支郁金香确实卖出了这个价钱。一个人花掉足够买下一所房子的钱去买一朵花，这真是太荒唐了……[24]

不管资产价格发生多大以及多快的波动，大众媒体都会忆及这次郁金香狂热。例如，1979 年，当黄金价格飙升时，《华尔街日报》(*Wall Street Journal*) 1979 年 9 月 26 日有篇文章就这样论述："黄金市场中正在发生的疯狂，可能仅仅是大众的一种幻觉，它是郁金香狂热或者南海泡沫的现代翻版。"1987 年 10 月 19 日，股票市场发生大崩溃，《华尔街日报》随后便于 1987 年 12 月 11 日作了类似的比较。《经济学人》(*The Economist*) 则在 1987 年 10 月 24 日这样来解释这次事件：

> 1841 年马凯出版的《惊人的幻觉和大众的疯狂》描述了荷兰郁金香球茎投机和南海泡沫中大众的狂热，这次世界股票市场的大崩溃给马凯的著述续写了新的一章……大众的疯狂将股票市场的价格不断推至前所未有的高度……如今，正是这种大众心理如此迅速地造成了投资者的巨大损失。

马尔基尔 (Malkiel, 1985 年) 大量引用马凯"大众的

疯狂"一章的论述,包括关于那位水手的逸事和认为那次崩溃导致荷兰经济长期萧条的观点。在谈到其他的投机事件时,他发问:

> 为什么这类投机疯狂在历史上一再上演?我没有适当的答案,但是,我坚信伯纳德·巴鲁克的观点是正确的,他提出研究这些现象有助于帮助投资者做好在股市上更好地生存的准备。从我个人的经验来看,那些在股市中投资一直失败的输家,往往就是那些不能抵御这类郁金香球茎投机疯狂之袭击的人。

加尔布雷思(Galbraith,1993)简单地复述了马凯关于郁金香狂热的故事,没有投入精力去认真研究,对于人们来在这一主题上取得的进展也无甚兴趣。克鲁格曼(Krugman,1995)在讨论眼下市场资本流向时也禁不住引用郁金香狂热来加以解释。

在一份更严肃的记录上,20世纪50年代之前由主流专业经济学家撰写的学术著作几乎都没有直接涉及这次郁金香狂热事件。《帕尔格雷夫政治经济学词典》(1926年)在关于泡沫一节中收录了一段郁金香狂热的论述,援引的是马凯的观点。在其早期对狂热进行全方位研究的著作中,金德尔伯格(1978年)按先后顺序编制了一份关于金融恐慌和狂热事件的详尽目录,并对这些恐慌和狂热的动态进行了一番病理学描述；但是，在他详细考察的这些事件中，没有把郁金香狂热包括进去，因为"狂热——诸如……1634年的郁金香狂热——太孤立了，因而缺乏伴随着货币的大量涌入而具有的典型的金融特征"。然而，在《新帕尔格雷夫经济学大辞典》（1987年）论"泡沫"一文中，金德尔伯格却把郁金香狂热事件作为两大最著名的狂热之一。在其最近论述狂热的著作中，金德尔伯格（1996年）增加了一章来批评我关于郁金香狂热的早期论文中的观点。

随着20世纪50年代资本理论的发展，以及发现有可能存在多重、动态、不稳定的资产价格途径，郁金香狂热事件第一次出现在严肃的经济学杂志上。萨缪尔森（1957年、1967年）描述了这次郁金香狂热，并把它与"不确定的群体自我实现的金融幻梦"（1967年）相联系。他还（1957年）交替使用"郁金香狂热"和"庞氏骗局""连锁信"和"泡沫"这样一些词。

萨缪尔森的门徒在关于"哈恩问题"一阵风式的研究活动中，把郁金香狂热看成一种经验冲动行为。谢尔（Shell，1967年）和斯蒂格利茨（Stiglitz，1967年）声称，"哈恩模型的不稳定性使人联想到'投机爆发'（比如郁金香球茎狂热）期间从事投机的经济动力"。伯迈斯特（Burmeister，1980年）则对这些模型作了总结。

在《新帕尔格雷夫经济学大辞典》关于"郁金香狂热"的词条下,奎勒莫·卡尔沃(Guillermo Calvo)根本就没有提及17世纪荷兰的投机事件。相反,他把郁金香狂热定义为一种状态,在这种状态下,资产价格没有以经济基本面能够解释的方式表现。他解释了理性泡沫的案例,这些案例既有突发式的也有太阳黑子那样周期式的。在金融领域的作品中,由于异常经验的出现,催生了将郁金香狂热看作是泡沫的解释,本已势微的观点再度受到追捧。在对美国金融协会发表的主席演讲中,范·霍恩(van Horne,1985年)就谈到了泡沫和狂热的可能性,并且,他明确地把郁金香狂热作为一个例子,认为在这一事件中,"单单一个球茎售价就值好多年薪水"。

附录 Ⅱ
17 世纪郁金香价格数据资料

表 A2.1 包括各种郁金香的价格数据资料。对每一种球茎，其资料是按时间先后排序的。这些资料包括支付的价格、按 aas 为单位交易的球茎重量、每 aas 的价格和数据来源。我从各种不同出处收集到这些确实可靠的数据。

有些出处标上了数字，以便说明由波塞摩斯（1927 年、1934 年）在其著作中收录的经过公证的合同编号（*Ecnomisch-Historish Jaarboek*）。这些合同在公证前是发过誓并仔细书写下来的，因而它们是最可靠的数据，代表的是严肃的交易，并非在"学院"中发生的那一类。另外，许多标明日期的合同是在 1637 年 1 月至 2 月投机高峰之前签订的。大概从 6 月至 9 月签订的合同是用于现货交割的。对冬季合同来说，其交割日期是不明确的。克勒拉格（1946 年）提供的几份合同中的价格标上了诸如"克勒拉格-46-p482"的字样。

接下来，信息的可靠性稍次的，我标上了"孩子"字样，这是我从波塞摩斯（1927年）书中获取的。这些球茎来自一份价格清单，上面标着："1637年2月5日荷兰阿尔克马尔城售给最高出价者的郁金香清单。最高出价者以乌特·巴特尔米兹（Wouter Bartelmiesz）的孩子的名义，买下了这些总价为68 533弗罗林的郁金香。"这份清单的摹本也是由克勒拉格（1946年）提供的。此外，从可以得到的信息来看，这份合同的交割日期和支付条款并不清楚。还有，2月5日这个日期正好与这次崩溃的日期一致，而《加格特和瓦蒙特对话录》一书中声称崩溃发生的日期是2月3日。无论如何，作为记录下来的拍卖价格，这份清单代表了一些真实的交易。

比信息的可靠性更次的是《加格特和瓦蒙特对话录》中记录的大量价格数据。《加格特和瓦蒙特对话录》以一种冗长和说教的形式，在加格特和瓦蒙特之间讨论了这次郁金香投机期间市场和价格互动的本质。第三篇对话中有一份包括大约250次球茎交易的清单，上面列出了价格和重量，但是没有这些交易的日期。幸运的是，由于《加格特和瓦蒙特对话录》上的价格和"孩子"中的价格出现许多的重叠，因而可推知作者在编制《加格特和瓦蒙特对话录》中的清单时，肯定接触过"孩子"那份清单。所以，我将"孩子"清单中的2月5日作为《加格特和瓦蒙特对话录》清单中公布的价格的日期，包括在"孩子"清单上没有而《加格特和瓦蒙特对话录》清单上出现过的那些花卉。此外，在可考证的交易中，找出《加格特和瓦蒙特对话录》清单上列出的许多郁金香花卉品种，会使人坚信《加格特和瓦蒙特对话录》的作者并不只是简单地在第三篇对话中补充公布的价格。

《加格特和瓦蒙特对话录》在讨论这次投机期间价格的急速波动时，列出了这次投机中在两个不同的时间里观察到的20种球茎的价格，他们断言，对每一种球茎来说，早期的价格要比晚期的价格提前4到6个星期。然而，他们没有提示晚期达成的交易发生的日期。幸运的是，晚期达成的球茎交易中，大多数球茎都是"孩子"清单上的球茎，或者是上面描述过的范围广泛的《加格特和瓦蒙特对话录》清单上的球茎。由于这些球茎价格是《加格特和瓦蒙特对话录》上公布的唯一体现时间先后的资料，把它们包括在内非常重要。所以，我假定，对每一颗球茎来说，晚期达成的交易发生在1637年2月5日，而早期达成的交易发生在1637年1月2日，比晚期达成的交易早5个星期。这就说明了为什么表A2.1上从1月2日到2月5日会出现这么多对球茎。

表 A2.1 普通郁金香价格资料一览表

日期	郁金香	价格	重量	每 aas 价格	出处	地点
1636年6月1日	可爱的里芙肯	6.6	1	6.6000	18	哈勒姆
1637年2月5日	可爱的里芙肯	4 400	400	11.8000	克勒拉格	
1637年2月5日	可爱的里芙肯	1 015	59	11.0000	对话录	
1637年2月5日	可爱的里芙肯	15	130	17.2034	孩子	阿尔克马尔
1637年1月2日	可爱的德·曼	90	1 000	0.1154	对话录	
1637年1月2日	可爱的德·曼	250	175	0.0900	对话录	
1637年2月5日	可爱的德·曼	800	1 000	1.4286	对话录	
1637年2月5日	可爱的德·曼	175	130	0.8000	对话录	
1637年2月5日	可爱的德·曼	5 400	215	1.3462	对话录	
1637年2月5日	可爱的范·恩丘森			25.1163	对话录	
1637年2月5日	可爱的范·恩丘森			28.0000	克勒拉格	
1637年2月5日	可爱的范·恩丘森	900	8	112.5000	对话录	
1637年2月5日	可爱的范·霍恩	230	1 000	0.2300	对话录	
1637年2月5日	可爱的范·霍恩	200	440	0.4545	对话录	
1634年12月1日	可爱的范·德·爱克	80	80	1.0000	7	哈勒姆
1634年12月1日	可爱的范·德·爱克	66	20	3.3000	7	哈勒姆
1636年7月27日	可爱的范·德·爱克	2.5	1	2.5000	17	哈勒姆
1637年2月5日	可爱的范·德·爱克			4.5000	克勒拉格	
1637年2月5日	可爱的范·德·爱克	1 620	446	3.6323	孩子	阿尔克马尔
1637年2月5日	可爱的范·德·爱克	1 045	214	4.8832	孩子	阿尔克马尔

(续表)

日期	郁金香	价格	重量	每 aas 价格	出处	地点
1637年2月5日	可爱的范·德·爱克	710	92	7.7174	孩子	阿尔克马尔
1636年12月1日	布勒演布奇	350	4		57	阿姆斯特丹
1636年12月28日	布勒演布奇	120	104	1.1538	65	阿姆斯特丹
1637年2月5日	布里杰布格			3.5000	克勒拉格	
1637年2月5日	布里杰布格	1300	443	2.9345	孩子	阿尔克马尔
1637年2月5日	布里杰布格	900	171	5.2632	孩子	阿尔克马尔
1637年2月5日	布鲁诺·佩伯	2025	320	6.3281	孩子	阿尔克马尔
1637年2月5日	布鲁诺·佩伯	1100		10.3000	克勒拉格	
1637年2月5日	布鲁诺·佩伯	1100	50	22.0000	对话录	
1637年2月5日	布鲁诺·欧普·德·森德勒	1300	60	21.6667	对话录	
1612年7月10日	卡尔斯	24			3	哈勒姆
1637年1月2日	森腾	40	1000	0.0400	对话录	
1637年1月15日	森腾	72	530	0.1358	范·达玛	
1637年1月22日	森腾	380	3000	0.1267	32	阿姆斯特丹
1637年2月5日	森腾	400	1000	0.4000	对话录	
1637年2月5日	森腾	4300	10240	0.4199	对话录	
1637年1月2日	科勒纳兹	60	1000	0.0600	对话录	
1637年1月22日	科勒纳兹	220	1000	0.2200	32	阿姆斯特丹
1637年2月5日	科勒纳兹	550	1000	0.5500	对话录	

(续表)

日期	郁金香	价格	重量	每 aas 价格	出处	地点
1637年2月5日	科勒纳兹	4 800	10 240	0.4688	对话录	
1636年6月10日	英国上将	3	1	3.0000	13	
1637年2月5日	英国上将	700	25	28.0000	对话录	
1637年2月5日	法玛	605	130	4.6538	孩子	阿尔克马尔
1637年2月5日	法玛	700	158	4.4304	孩子	阿尔克马尔
1637年2月5日	法玛	440	104	4.2308	孩子	阿尔克马尔
1637年1月2日	杰纳里斯莫	95	10	9.5000	对话录	
1637年2月5日	杰纳里斯莫	900	10	90.0000	对话录	
1637年1月2日	吉尔·科隆纳	24	10 240	0.0023	对话录	
1637年2月5日	吉尔·科隆纳	1 200	10 240	0.1172	对话录	
1636年12月8日	吉尔·恩德·鲁特·范·里登	260	578	0.4498	克勒拉格	
1637年1月2日	吉尔·恩德·鲁特·范·里登	46	515	0.0893	对话录	
1637年1月2日	吉尔·恩德·鲁特·范·里登	100	1 000	0.1000	对话录	
1637年1月2日	吉尔·恩德·鲁特·范·里登	700	1 000	0.7000	对话录	
1637年2月5日	吉尔·恩德·鲁特·范·里登	140	400	0.3500	对话录	
1637年2月5日	吉尔·恩德·鲁特·范·里登	550	515	1.0680	对话录	
1637年2月5日	吉尔·恩德·鲁特·范·里登	235		0.5800	克勒拉格	
1637年2月5日	吉尔·恩德·德·格耶		240	0.9792	对话录	
1636年11月12日	格玛·德·格耶	70	357	0.1961	克勒拉格	
1637年2月4日	格玛·德·格耶	36	1株球茎		范·达玛	

(续表)

日期	郁金香		价格	重量	每 aas 价格	出处	地点
1637年2月5日	格玛·德·格耶		250	1 000	0.2500	对话录	哈勒姆
1637年2月5日	干酪				7.5000	克勒拉格	
1634年12月1日	干酪		45	30	1.5000	7&克勒拉格	哈勒姆
1635年12月1日	干酪		2.1	1	2.1000	24	哈勒姆
1636年8月29日	干酪		3.75	1	3.7500	20	哈勒姆
1636年11月25日	干酪		446	66	6.7576	30	哈勒姆
1636年12月9日	干酪		600	400	1.5000	35	哈勒姆
1636年12月12日	干酪		520	48	10.8333	劳巴赫	
1637年1月2日	干酪		20	4	5.000	对话录	
1637年1月29日	干酪		100	7	14.2857	33	哈勒姆
1637年2月5日	干酪		3 600	1 000	3.6000	芒亭和对话录	阿尔克马尔
1637年2月5日	干酪		1 500	244	6.1475	孩子	阿尔克马尔
1637年2月5日	干酪		1 330	187	7.1123	孩子	阿尔克马尔
1637年2月5日	干酪		1 165	160	7.2813	孩子	阿尔克马尔
1637年2月5日	干酪		1 165	156	7.4679	孩子	阿尔克马尔
1637年2月5日	干酪		1 015	125	8.1200	孩子	阿尔克马尔
1637年2月5日	干酪		765	82	9.3293	孩子	阿尔克马尔
1637年2月5日	干酪		635	63	10.0794	孩子	阿尔克马尔
1637年2月5日	干酪		225	4	56.2500	对话录和30	阿尔克马尔
1636年9月29日	格鲁特·格普鲁米瑟德		140	2 000	0.0700	28	哈勒姆
1637年1月12日	格鲁特·格普鲁米瑟德		300	2 000	0.1500	对话录	阿姆斯特丹

(续表)

日期	郁金香	价格	重量	每 aas 价格	出处	地点
1637年2月5日	格鲁特·格普鲁米瑟德	300	400	0.7500	71	哈勒姆
1637年2月5日	格鲁特·格普鲁米瑟德	280	1000	0.2800	孩子	阿尔克马尔
1637年2月5日	格鲁特·格普鲁米瑟德	300	1000	0.3000	对话录	
1637年1月15日	简·格瑞兹	230	288	0.7986	范·达玛	
1637年2月5日	简·格瑞兹	734	1000	0.7340	对话录	
1637年2月5日	简·格瑞兹	210	263	0.7985	孩子	阿尔克马尔
1637年2月5日	简·格瑞兹（斯威荽德）	210	925	0.2270	孩子	阿尔克马尔
1637年2月5日	简·格瑞兹（斯威荽德）	51	80	0.6375	孩子	阿尔克马尔
1637年2月5日	朱丽斯·凯撒	1300	187	6.9519	对话录	
1635年12月18日	拉托	27	16	1.6875	9	哈勒姆
1637年2月5日	拉托	390	450	0.8667	对话录	
1637年1月16日	勒格兰德	90	122	0.7377	克勒拉格-p482	哈勒姆
1637年1月22日	勒格兰德	21	185	0.1135	32	阿姆斯特丹
1637年1月24日	勒格兰德	480	1000	0.4800	31	哈勒姆
1637年2月5日	勒格兰德	500	350	1.4286	孩子	阿尔克马尔
1637年2月5日	勒格兰德	780	1000	0.7800	对话录	
1637年1月24日	马科斯	12	400	0.0300	31	哈勒姆
1637年2月3日	马科斯	400	2000	0.2000	75	阿姆斯特丹
1637年2月5日	马科斯	300	1000	0.3000	孩子	阿尔克马尔
1637年2月5日	马科斯	300	1000	0.3000	孩子	阿尔克马尔

(续表)

日期	郁金香	价格	重量	每aas价格	出处	地点
1637年2月5日	马科斯	390	700	0.5571	对话录	
1637年1月6日	纽伯格	125	425	0.2941	65	阿姆斯特丹
1637年2月5日	纽伯格	500	1000	0.5000	对话录	
1637年2月5日	纽伯格	390	495	0.7879	对话录	
1637年2月5日	纽伯格	235	500	0.4700	孩子	阿尔克马尔
1637年2月5日	纽伯格	430	1000	0.4300	孩子	阿尔克马尔
1637年2月5日	纽伯格	180	495	0.3636	对话录	
1636年12月1日	奥登尔登	600	10240	0.0586	57	阿姆斯特丹
1637年1月2日	奥登尔登	70	1000	0.0700	对话录	
1637年1月22日	奥登尔登	1430	5120	0.2793	32	阿姆斯特丹
1637年1月30日	奥登尔登	2200	4864	0.4523	克朗拉格-46-p482	哈勒姆
1637年2月5日	奥登尔登	600	1000	0.6000	对话录	
1637年2月5日	奥登尔登	370	450	0.822	孩子	阿尔克马尔
1637年2月5日	奥登尔登	530	1000	0.5300	孩子	阿尔克马尔
1637年2月5日	奥登尔登	510	1000	0.5100	对话录	
1637年2月5日	奥登尔登	5700	10240	0.5566	对话录	阿姆斯特丹
1633年5月17日	帕拉贡·谢尔德	50	1株球茎		34-2	
1637年2月5日	帕拉贡·谢尔德	1615	106	15.2358	对话录	
1636年12月16日	皮特	172	360	0.4778	范·达玛	
1637年2月5日	皮特	900	800	1.1250	对话录	

(续表)

日期	郁金香	价格	重量	每 aas 价格	出处	地点
1637年2月5日	皮特	730	1 000	0.7300	孩子	阿尔克马尔
1637年2月5日	皮特	705	1 000	0.7050	孩子	阿尔克马尔
1637年2月5日	皮特	730	1 000	0.7300	对话录	
1637年2月5日	罗特根斯	805	1 000	0.8050	孩子	阿尔克马尔
1637年2月5日	罗特根斯（韦尔特·杰夫拉德）	725	1 000	0.7250	孩子	阿尔克马尔
1637年2月5日	罗特根斯（韦尔特·杰夫拉德）	375	500	0.7500	孩子	阿尔克马尔
1635年12月18日	塞布鲁姆·范·库耐	30	7.5	4.0000	9	哈勒姆
1637年2月5日	塞布鲁姆·范·库耐	320	220	1.4545	对话录	
1637年2月5日	塞布鲁姆	1 000	1 000	1.0000	对话录	
1637年2月5日	沙佩斯登	235	95	2.4737	孩子	阿尔克马尔
1637年2月5日	沙佩斯登	375	246	1.5244	孩子	阿尔克马尔
1637年1月2日	西皮奥	800	1 000	0.8000	对话录	
1637年1月12日	西皮奥	1 500	1 000	1.5000	28	阿姆斯特丹
1637年2月5日	西皮奥	100	10	10.0000	对话录	
1637年2月5日	西皮奥	400	82	4.8780	孩子	阿尔克马尔
1637年2月5日	西皮奥	2 250	1 000	2.2500	对话录	
1623年7月1日	永远的奥古斯都	1 000	1		克勒拉格	
1624年7月1日	永远的奥古斯都	1 200	1		波塞摩斯	
1625年7月1日	永远的奥古斯都	2 000	1		克勒拉格	
1637年2月5日	永远的奥古斯都	5 500	200	27.5000	芒亨	

142　泡沫的鼻祖

（续表）

日期	郁金香	价格	重量	每 aas 价格	出处	地点
1637年1月2日	斯韦特塞斯	60	10240	0.0059	对话录	哈勒姆
1637年1月15日	斯韦特塞斯	120	9728	0.0123	34	阿姆斯特丹
1637年1月22日	斯韦特塞斯	280	10240	0.0273	32	
1637年1月23日	斯韦特塞斯	385	10240	0.0376		
1637年2月1日	斯韦特塞斯	1400	9728	0.1439	克勒拉格	阿姆斯特丹
1637年2月3日	斯韦特塞斯	6000	40960	0.1465	75	阿姆斯特丹
1637年2月3日	斯韦特塞斯	1800	10240	0.1758	38	
1637年2月6日	斯韦特塞斯	1100	10240	0.1074	对话录	阿姆斯特丹
1637年2月6日	斯韦特塞斯	1060	10240	0.1035	34-6	阿姆斯特丹
1637年2月9日	斯韦特塞斯	1100	10240	0.1074	34-5	哈勒姆
1637年1月2日	总督	3000	1000	3.0000	40	
1637年2月5日	总督	4203	685	6.1358	对话录	阿尔克马尔
1637年2月5日	总督	3000	410	7.3171	孩子	阿尔克马尔
1637年2月5日	总督	2700	295	9.1525	孩子	
1637年2月5日	总督	6700	1000	6.7000	对话录	
1612年7月10日	维拉姆斯	450	38912	0.0116	对话录	哈勒姆
1637年1月2日	维特·科隆纳	128	10240	0.0125	4	
1637年2月5日	维特·科隆纳	300	1000	0.3000	对话录	
1637年2月5日	维特·科隆纳	3600	10240	0.3516	对话录	
1637年2月5日	维特·科隆纳			0.2700	克勒拉格	
1637年2月5日	佐默松	1010	368	2.7446	对话录	

附录 Ⅱ 17世纪郁金香价格数据资料 143

最后，这张清单包括芒亭（1672年、1696年）和克勒拉格（1946年）讲到过的几次交易，我在上述出处中没有找到。不幸的是，克勒拉格提到的是涉及特殊交易的每aas的价格，而不是球茎的交易总价和重量。

注 释

1. The discussion of political and economic history is based on Rich and Wilson, *The Cambridge Economic History of Europe*, vols. 4 and 5 (Rich and Wilson 1975, 1977); Braudel (1979), vol. 3; Attman (1983); and Cooper, *The New Cambridge Modern History of Europe*, vol. IV (1970).

2. See Attman (1983, 35). The guilder was the unit of account. It was denoted by the sign fl. (florin) and was divided into 20 stuivers. The stuiver was further subdivided into 16 pennings. The guilder was a bimetallic unit, equivalent to 10.75 grams of fine silver from 1610–1614, 10.28 grams from 1620–1659, and 9.74 grams thereafter. See Posthumus (1964, cxv) and Rich and Wilson (1977, 458). Its gold content was 0.867 grams of fine gold in 1612, 0.856 grams in 1622, 0.77 in 1638, and 0.73 in 1645. This was a devaluation of gold content of 16%. See Posthumus (1964, cxix). Prices of foodstuffs, metals, and fibers did not display significant secular movements from 1600 through 1750; so given the orders of magnitude of bulb price changes that we will observe, we can take the price level as approximately constant in interpreting nominal prices during this 150-year period.

3. See Penso de la Vega ([1688] 1957) for a description of the variety of securities and the sophistication of market manipulation on the Amsterdam exchange.

4. Beckmann wrote originally in German at the end of the eighteenth century; only the fourth English edition (1846) of his book was available to me.

5. For a list of these pamphlets, see the references in Krelage (1942, 1946).

6. These were published in *the Weekblad voor Bloembollencultur* and are reprinted in Van Damme (1976).

7. The discussion in this section is based on Schama (1987, 323–371), and on the translation of Penso de la Vega (1688, xii–xix).

8. See Prinzing (1916) on the epidemics of the Thirty Years' War. See also Cooper (1970, 76).

9. See Mather (1961, 44).

10. See Doorenbos (1954, 1–11).

11. See Mather (1961, 100–101).

12. See Posthumus (1929, 442).

13. Gheele Croonen and Witte Croonen apparently were not broken tulips, though they were multicolored. However, it is not clear whether all the other "pound good" tulips were broken.

14. In his discussion on economic distress in the tulipmania, Malkiel asks, "And what of those who had sold out early in the game? In the end, they too were engulfed by the tulip craze. For the final chapter of this bizarre story is that the shock generated by the boom and collapse was followed by a prolonged depression in Holland. No one was spared" (1996, 38). Unfortunately, there was no depression in Holland. Malkiel prefers to propagate the myth handed down by Mackay to seriously researching the topic.

15. I thank Guido Imbens and Klaas Baks for this translation.

16. Krelage cites "Clare ontdeckingh der ghener, die haer tegenwoordigh laten noemen Floristen" (Hoorn: Zacharias Cornelisz, 1636) as the source.

17. This section is intended as a brief outline of the vast Mississippi scheme. For a recent fascinating view of the scheme and its implementation, see Antoin Murphy's excellent *John Law* and also his biography of Richard Cantillon. Larry Neal (1990) provides a general description of the development of the financial markets in England, the Netherlands, and France in the eighteenth century, along with an analysis of the South Sea and Mississippi bubbles.

18. This outline of Law's experiment is based on descriptions in Harsin (1928), Faure (1977), and Murphy (1986).

19. See Harsin's (1928, 180) citation of Law's *Deuxieme Lettre sur le nouveau system des finances*.

20. Murphy (1997, 235) argues that Law was pushed into the share price fixing phase during a temporary loss of control.

21. I have taken the factual information in this section primarily from Scott (1911), Carswell (1960), and Dickson (1967).

22. Neal (1988) discusses the nature of these annuities.

23. Neal (1988) argues that the peak price was £950 on July 1. Scott (1911) indicates a peak price of £1050, but this apparently includes the announced stock dividend of 10 percent. Following Neal, I have used the peak price of £950.

24. Dreman clearly neglected to inquire about current bulb prices in Haarlem before he wrote.

参考文献

Anderson, A. 1787. *An Historical and Chronological Deduction of the Origin of Commerce*, vol. 3. London: J. Walter.

Attman, A. 1983. *Dutch Enterprise in the World Bullion Trade*. Goteborg: Almqvist and Wicksell.

Azariadis, C. 1981. "Self-Fulfilling Prophecies." *Journal of Economic Theory* 25:380–396.

Azariadis, C., and R. Guesnerie. 1986. "Sunspots and Cycles." *Review of Economic Studies* 53 (Oct.):725–737.

Beckmann, J. 1846. *History of Inventions, Discoveries, and Origins*, vol. 1, 4th ed. London: Harry G. Bohn.

Bradley, R. 1728. *Dictionarium Botanicum: Or, a Botanical Dictionary for the Use of the Curious in Husbandry and Gardening*. London.

Braudel, F. 1979. *The Perspective of the World*. Vol. 3, *Civilization & Capitalism, 15th–18th Century*. New York: Harper and Row.

Burmeister, E. 1980. *Capital Theory and Dynamics*. Cambridge: Cambridge University Press.

Carswell, J. 1960. *The South Sea Bubble*. London: Cresset Press.

"Clare ontdeckingh der ghener, die haer tegenwoordigh laten noemen Floristen." 1636. Hoorn: Zacharias Cornelisz.

Cooper, P. 1970. *New Cambridge Modern History*. Vol. IV, *The Decline of Spain and the Thirty Years' War*. Cambridge: Cambridge University Press.

D'Ardene, J. 1760. *Traité des Tulipes*. Avignon: Chambeau.

de Vries, J. 1976. *The Economy of Europe in an Age of Crisis, 1600–1750*. Cambridge: Cambridge University Press.

Dickson, P. G. M. 1967. *The Financial Revolution in England: A Study in the Development of Public Credit*. London: Macmillan.

Doorenbos, J., "Notes on the History of Bulb Breeding in the Netherlands." *Euphytica* 3, no. 1 (February 1954):1–11.

Dreman, D. 1977. *Psychology and the Stock Market*. New York: Anacom.

Eatwell, J., M. Milgate, and P. Newman, eds. 1987. *The New Palgrave Dictionary of Economics*. Dictionary oillan.

Faure, E. 1977. *La Banqueroute de Law*. Paris.

Galbraith, J. K. 1993. *A Short History of Financial Euphoria*. New York: Viking.

Garber, P. 1989. "Tulipmania." *Journal of Political Economy* (April): 535–560.

——. 1990a. "Famous First Bubbles." *Journal of Economic Perspectives* (May): 35–54.

——. 1990b. "Who Put the Mania in Tulipmania?" In E. White, ed., *Crashes and Panics: The Lessons from History*. Homewood, IL: Dow-Jones Irwin.

Hamilton, E. 1936–37. "Prices and Wages at Paris under John Law's System." *Quarterly Journal of Economics* 51:42–70.

Harsin, P. 1928. *Les Doctrines Monetarires et Financieres en France*. Paris: Librairie Felix Alcan.

Hartman, H., and D. Kester. 1983. *Plant Propagation*. Englewood Cliffs, NJ: Prentice-Hall.

International Monetary Fund. 1998. *World Economic Outlook and International Capital Markets, Interim Assessment*. Washington, DC: IMF.

Kindleberger, C. 1978. *Manias, Panics, and Crashes*. New York: Basic Books.

Kindleberger, C. P. 1996. *Manias, Panics, and Crashes: A History of Financial Crises*, 3d ed. New York: Wiley.

Krelage, E. H. 1942. *Bloemenspeculatie in Nederland*. Amsterdam: P. N. van Kampen & Zoon.

——. 1946. *Drie Eeuwen Bloembollenexport*, Vol 2. s'Gravenhage.

Krugman, P. 1995. "Dutch Tulips and Emerging Markets." *Foreign Affairs* 74:28–44.

La Chesnee Monstereul. 1654. *Le Floriste François*. Caen: Mangeant.

Law, J. [1705] 1760. *Money and Trade Considered: With a Proposal for Supplying the Nation with Money*. Glasgow: Foulis.

"Liste van Eenige Tulpaen..." [1637] 1927. In *Economisch-Historisch Jaarboek*, vol. XII, 96–99. Reprint, Haarlem: Adriaen Roman.

Mackay, C. [1841] 1852. *Extraordinary Popular Delusions and the Madness of Crowds*, vol. 1, 2d ed. London: Office of the National Illustrated Library.

Malkiel, B. 1985. "The Madness of Crowds." In *A Random Walk Down Wall Street*, 4th ed. New York: Norton.

Malkiel, B. G. 1996. *A Random Walk Down Wall Street*. New York: Norton.

Mather, J. 1961. *Commercial Production of Tulips and Daffodils*. London: WH&L.

Munting, A. 1672. *Waare Oeffening der Planten*. Amsterdam.

——. 1696. *Naauwkeurige Beschryving der Aardgewassen*. Leyden.

Murphy, A. E. 1986. *Richard Cantillon, Entrepreneur and Economist*. Oxford: Clarendon Press.

———. 1997. *John Law: Economic Theorist and Policy-Maker*. Oxford: Clarendon Press.

Neal, L. 1988. "How the South Sea Bubble Was Blown Up and Burst: A New Look at Old Data." University of Illinois Working Paper, August.

———. 1990. *The Rise of Financial Capitalism*. Oxford: Cambridge University Press.

Neal, L., and E. Schubert. 1985. "The First Rational Bubbles: A New Look at the Mississippi and South Sea Schemes." BEBR Working Paper 1188, University of Illinois, Urbana-Champaign, September.

Palgrave, R. H. 1926. *Dictionary of Political Economy*. London: MacMillan.

Penso de la Vega, J. [1688, Amsterdam] 1957. *Confusion de Confusiones*, English trans. Boston: Baker Library.

Posthumus, N. W. 1926, 1927, 1934. "Die Speculatie in Tulpen in de Jaren 1636–37." *Economisch-Historisch Jaarboek*.

———. 1929. "The Tulip Mania in Holland in the Years 1636 and 1637." *Journal of Economic and Business History* 1 (May).

———. 1964. *Inquiry into the History of Prices in Holland*. Leiden: E. J. Brill.

Prinzing, F. 1916. *Epidemics Resulting from Wars*. Oxford: Clarendon Press.

"Register den de Prijsen der Bloemen . . . Derde Samenspraeck." [1637] 1926. In *Economisch-Historisch Jaarboek*, vol. XII. Reprint, Haarlem: Adriaen Roman.

Rich, E. E., and C. H. Wilson, eds. 1975. *The Cambridge Economic History of Europe*. Vol. IV, *The Economy of Expanding Europe in the Sixteenth and Seventeenth Centuries*. London: Cambridge University Press.

———. 1977. *The Cambridge Economic History of Europe*. Vol. V, *The Economic Organization of Early Modern Europe*. London: Cambridge University Press.

The Royal General Bulbgrowers Society. 1969. *Classified List and International Register of Tulip Names*. Haarlem.

"Samenspraeck Tusschen Waermondt ende Gaergoedt: Flora." [1637] 1926. In *Economisch-Historisch Jaarboek*, vol. XII. Reprint, Haarlem: Adriaen Roman.

Samuelson, P. A. 1957. "Intertemporal Price Equilibrium: A Prologue to the Theory of Speculation." *Weltwirtschaftliches Archiv* 79, no. 2:181–219; reprinted in J. Stiglitz, ed., *The Collected Scientific Papers of Paul A. Samuelson*, vol. 2. Cambridge: The MIT Press, 1966.

———. 1967. "Indeterminacy of Development in a Heterogeneous-Capital Model with Constant Saving Propensity." In K. Shell, ed., *Essays on the Theory of Optimal Economic Growth*. Cambridge: The MIT Press.

Schama, S. 1987. *The Embarrassment of Riches*. New York: Alfred Knopf.

Schumpeter, J. 1954. *History of Economic Analysis*. New York: Oxford University Press.

Scott, W. 1911. *The Constitution and Finance of English, Scottish, and Irish Joint Stock Companies to 1720*, vol. 2. Cambridge: Cambridge University Press.

Shell, K., and J. Stiglitz. 1967. "The Allocation of Investment in a Dynamic Economy." *Quarterly Journal of Economics* 81, no. 4 (November):592–609.

Smith, K. 1937. *Textbook of Plant Virus Diseases*. London: J&A Churchill.

Solms-Laubach, H. Graf. 1899. *Weizen und Tulpe und deren Geschichte*. Leipzig: Felix.

"Tweede Samenspraeck Tusschen Waermondt ende Gaergoedt." [1637] 1926. In *Economisch-Historisch Jaarboek*, vol. XII. Reprint, Haarlem: Adriaen Roman.

van Damme, A. 1976. *Aanteekeningen Betreffende de Geschiedenis der Bloembollen, Haarlem 1899–1903*. Leiden: Boerhaave Press.

van Horne, J. 1985. "Of Financial Innovations and Excesses." *Journal of Finance* 40, no. 3 (July):621–631.

van Slogteren, E. 1960. "Broken Tulips." In *The Daffodil and Tulip Yearbook*, 25–31. London: Royal Horticultural Society.

索 引

Aas, 43–44
Admirael de Man, 65, 136
Admirael Liefkens, 41, 51, 58, 136
Admirael van der Eyck, 41, 50, 58, 63–64, 70, 136–137
Admirael van Enchuysen, 65, 136
Admirael van Eyck, 63–64, 70
Admirael van Hoorn, 136
Aigle Noir, 70
Amsterdam, 23
 azen and, 44
 bubonic plague and, 37
 tulip collapse and, 61–62
Anderson, Adam, 87–88
Aphids, 41
Appeal to Frederick, 34–35
Asset price, 30–32, 123
 bubble concept and, 4, 9
 characterization of, 49–59
 common bulbs and, 79–83
 eighteenth-century hyacinths, 71–72
 eighteenth-century tulips, 65–70
 modern tulips and, 72–73
 post tulip collapse and, 63–64
 seventeenth-century tulips and, 133–144
Asymmetric information, 88
Attman, A., 145
Austria, 25
Azariadis, C., 130
Azen, 43–44

Bank of England, 109–110, 120
Bank of Japan, 107
Bankruptcy, 45, 49
Banque Generale, 92, 95
Banque Royale, 95–97, 98–102
Bartelmiesz, Wouter, 134
Baruch, Bernard, 127–128
Battle of Nordlingen, 22
Beckmann, Johann, 29–30, 46, 145
Bleyenburch, 137
Blijenburger, 137
Bloembollencentrum, 73
Board of Governors, 6
Bourse, 34–35
Brabanson, 65
Bradley, R., 67, 69

Braudel, F., 145
Brazil, 20
Breaking, 40–41
Breda, 22
Bruyne Purper, 137
Bubbles, 3. *See also* Dutch
 tulipmania; Mississippi
 Bubble; South Sea Bubble
 Bubble Act and, 119
 explanation of, 4–5, 7–9,
  123–126
 famous examples of, 12–14
 Kindleberger on, 77–78, 83, 129
 Law and, 14, 91–113, 121–122
 literature on, 127–131
 opinion and, 9–12
 Ponzi scheme and, 89, 123, 130
 price myth and, 83
 ventures and, 87–120
Bubonic plague, 22, 81
 price characterization and, 59
 ravages of, 37–38
 tulip market and, 44
Bulbs. *See* Dutch tulipmania;
 Tulip bulbs
Burmeister, E., 130

Caers op de Candelaer, 137
Calvo, Guillermo, 131
*Cambridge Economic History of
 Europe, The* (Rich and Wilson),
 75
Capital flow. *See* Herding
Caribbean, 20
Carswell, J.,
Centen, 57–59, 137
Chain letter, 90, 123, 130
China Company, 95
City Chamber of Marine
 Insurance, 33
Colleges (trading groups), 44–45,
 47, 77
 common bulbs and, 81
 price characterization and, 49
Commodities, 23, 33, 44–45
Compagnie des Indes, 119
 founding of, 95
 French taxation and, 96
 shares of, 97–98, 103, 105
 takes over Banque Royale,
  100
Compagnie d'Occident, 92, 95
Contagion, 11, 123
Contracts, 61–62. *See also*
 Futures; Markets
Cooper, P., 76, 146
Coorenaerts, 56, 58–59, 65, 138
Crashes, 3, 118–120, 123

D'Ardene, J., 42
de Koning, C., 37
Denmark, 20
de Vries, J., 38
Dickson, P. G. M., 111–112,
 117–118
Dictionary of Political Economy
 (Palgrave), 7
Doorenbas, J., 146
Dow, 7, 77
Dreman, D., 127–128, 147
Dutch, 61, 119
 economy of, 22–23, 75–78
 historical background and,
  19–23
Dutch East India Company, 23,
 33–34, 109
 Kindleberger on, 77
 Law and, 95

tulip collapse and, 62
Dutch tulipmania, 3, 9. *See also*
  Tulip bulbs
 bubonic plague and, 38
 collapse of, 61–70
 economics training and, 17
 explanation of, 123–126
 Financial Times and, 10–11
 fundamentals and, 13
 futures and, 33–36, 44–45
 historical background and, 19–23
 legend's source, 29–32
 literature on, 127–131
 mania interpretation and, 75–83
 1998 template and, 10–11
 price and, 30–32 (*see also* Price data)
 reason for, 12
 traditional image of, 25–27
 Wall Street Journal and, 128
Dutch West India Company, 20–21, 33–34
 slave trade and, 23

East India Company. *See* Dutch East India Company
Eatwell, J., 129, 131
Economics. *See also* Bubbles; Markets
 bubonic plague and, 37–38
 chain letter and, 90, 123, 130
 Dutch, 22–23, 75–78
 European history and, 19–23
 Keynesianism and, 6, 14, 106
 Law and, 14, 91–113, 121–122
 literature on, 127–131
 mania interpretation and, 75–83, 123–131
 Mississippi fundamentals and, 105–107 (*see also* Mississippi Bubble)
 panic and, 10–11, 123
 South Sea Bubble and, 109–122 (*see also* South Sea Bubble)
 tulipmania and, 17, 26–27, 29–32 (*see also* Dutch tulipmania)
Economisch-Historisch Jaarboek, 133–134
Economist, The, 128
Eighty Years' War, 19–20
English, 19–20, 22
 South Sea Bubble and, 109–122
English Admiral, 63–64, 70, 138

Fama, 138
Faure, E., 147
Federal Reserve, 6
Financial crisis, 3, 118–120, 123
Financial institutions, 11
 Bank of England, 109–110, 120
 Bank of Japan, 107
 Banque Generale, 92, 95
 Banque Royale, 95–97, 99–102
Financial Times, 4, 10–11
France, 20–22
 Law scheme and, 91–107
 tax system and, 96
 tulip market and, 43
Fundamentals
 bubbles and, 4, 12–14
 common bulbs and, 81
 economics training and, 17
 explanation of, 123–126
 Law scheme and, 91–107
 Mississippi Bubble and, 91–93, 105–107

Fundamentals (cont.)
  psychology and, 5
  South Sea Bubble and, 121–122
  ventures and, 88
Fund of credit, 92, 97, 100
Futures
  common bulb prices and, 79–83
  immorality of, 34–35
  Ponzi scheme and, 89
  price characterization and, 49
  repudiation and, 34–35
  South Sea Bubble and, 109–122
  theory and, 8–9
  tulip market and, 44–46 (see also Dutch tulipmania)

G&W (Gaergoedt and Waermondt)
  on breaking, 41–42
  price data and, 31, 58, 71, 134–135 (see also Price data)
  speculation and, 36
Galbraith, J. K., 129
Garber, P., 78
Generalissimo, 138
General Rotgans, 63–64, 70, 142
Germany, 22, 37
Gheele Croonen, 41, 138
Gheele ende Roote van Leyden, 65
  price characterization and, 51–52, 58–59
  seventeenth-century prices and, 138–139
Ghemarm. de Goyer, 139
Gouda, 43
  eighteenth century and, 65
  price characterization and, 51–52, 58–59

  seventeenth century and, 139–140
Governments
  connivance of, 87
  herding and, 6
  Law scheme and, 91–103
  theories and, 8, 14
Great Depression, 130
Greedy Goods, 134
Greenspan, Alan, 6–8
Groote Geplumiceerde, 54, 58, 140
Guesnerie, R., 130
Guilders, 44

Haarlem, 29
  bubonic plague and, 37–38, 59
  eighteenth-century tulips and, 67
  gardens of, 76
  modern tulip prices and, 73
  tulip collapse and, 62
Haarlemscher Courant, 66
Hahn problem, 130
Hamilton, E., 101
Hapsburgs, 19–20
Harsin, P., 96, 99, 147
Hartman, H., 39
Herding, 3, 123
  meaning of, 5–6
  theories and, 8
Holland, 61, 119. *See also* Dutch tulipmania
  economy of, 22–23, 75–78
  historical background and, 19–23
Holy Roman Empire, 20
Hyacinths, 67, 71–72

IMF (International Monetary Fund), 10
Interim Report, 10–11
Internet, 8–9
Investment
 bubbles and, 87–89
 explanation of, 123–126
 herding and, 5–6
 Law scheme and, 91–107
 Schama on, 33
 South Sea Bubble and, 109–120
 theories and, 8
Irrational exuberance, 3
 bubbles and, 7, 9–10, 12
 economics training and, 17
 mania and, 75–83, 123–131
 meaning of, 6–7
 risk control and, 11

Jan Gerritz, 65, 140
Japan, 20
Julius Caesar, 140

Kester, D., 39
Keynesianism, 6, 14, 106
Kindleberger, C. P., 77–78, 83, 129
Krelage, E. H., 31, 145, 146
 common bulbs and, 81–82
 Dutch economy and, 76
 hyacinth prices and, 71–72
 price myth and, 83
 tulip prices and, 66–67, 69, 133–135
Krugman, P., 129

La Chesnee Monstereul, 40, 42
Lack van Rijn, 41
Latour, 140–141
Law, John, 14
 finance operations of, 95–103
 financial system of, 91–93
 Mississippi fundamentals and, 105–107
 power of, 97–98
 South Sea Bubble and, 109–113, 121–122
Le Grand, 56, 58–59, 141
Leiden, 37
Le Maire, Isaac, 34
Literature
 sunspot, 130–131
 tulipmania and, 127–131
Livre tournois, 95
London, 13
London Assurance Company, 119

Mackay, Charles, 13, 127–129
 common bulbs and, 81
 sources of, 29–30
 tulipmania and, 25–27, 61
Macx, 55, 58–59, 141
Malkiel, B. G., 128, 129, 146
Mania. *See also* Dutch tulipmania; Irrational exuberance
 explanation of, 75–83, 123–126
 literature on, 127–131
Manias, Panics, and Crashes (Kindleberger), 77
Markets. *See also* Bubbles; Economics
 bubonic plague and, 37–38
 commodities and, 23, 33, 44–45
 common bulbs and, 79–83
 Dutch tulipmania and, 12, 33–36 (*see also* Dutch tulipmania)
 European history and, 19–23

Markets (cont.)
  explanation of, 124–126
  fundamentals and, 5, 12–14 (see also Fundamentals)
  futures and, 44, 87–89 (see also Futures)
  G&W and, 30
  irrationality and, 123
  Law and, 14, 91–113, 121–122
  South Sea Bubble and, 109–122 (see also South Sea Bubble)
Mather, J., 146
Mexico crisis, 10
Milgate, M., 129, 131
Mississippi Bubble, 3, 9–10, 12–14
  explanation of, 123–126
  fundamentals and, 91–93, 105–107
  illustration of, 98
  Law scheme and, 14, 91–113, 121–122
  preliminary view of, 87–90
  slave trade and, 95
Mosaic virus, 40–41
Munting, A., 30, 43, 135
Murphy, A., 147

Neal, L., 118, 120, 146
Netherlands, 19
  bubonic plague and, 37–38
  economic distress and, 75–78
  historical background of, 19–23
Newman, P., 129, 131
New Palgrave Dictionary of Economics, The (Eatwell, Milgate, and Newman), 129, 131

New York, 20
Nieuwberger, 55, 58, 141

Oligarchy, 36
Opinion, 9–12
Oudenaerden, 54, 58, 59, 141–142

Palgrave, R. H., 7, 89, 129
Palgrave's Dictionary of Political Economy (Palgrave), 129
Panic, 10–11, 123
Paragon Liefkens, 41
Parliament, 120, 122
  Bubble Act and, 119
  purchases of, 111–113
  refunding and, 110–111
Parragon Grebber, 65
Parragon Liefkens, 65
Parragon Schilder, 142
Peace of Prague, 22
Penso de la Vega, 145, 146
Petter, 142
Piece goods, 43, 49, 58–59
Ponzi scheme, 89, 123, 130
Posthumus, N. W., 31–32
  Dutch economy and, 76
  on piece goods, 49
  tulips and, 46–47, 62, 133
Pound goods, 49, 58–59
Premier Noble, 70
Price data, 30–32, 123
  bubble concept and, 4, 9
  characterization of, 49–59
  common bulbs and, 79–83
  eighteenth-century hyacinths, 71–72
  eighteenth-century tulips, 65–70
  modern tulips and, 72–73
  myth and, 83

nature of tulips and, 43, 78
post tulip collapse and, 63–64
seventeenth-century tulips and, 133–144
Prijsen der Bloemen, 134
Prinzing, F., 146
Protestants, 20, 22
Psychology, 123–126
  economics literature on, 127–131
  fundamentals and, 5

Rentes, 92
Repudiation, 34–35
Rich, E. E., 20, 75
Richelieu, 21
Risk control, 10–11
Roi de Fleurs, 70
Rotgans, 63–64, 70, 142
Rotterdam, 67
Royal Assurance Company, 119
Royal General Bulbgrowers Society, 41
Russia, 11

Saeyblom, 65
Saeyblom, beste, 143
Saeyblom van Coningh, 143
Samuelson, P. A., 130
Schama, S., 33, 35, 76, 83, 146
Schapesteyn, 143
Schubert, E., 120
Schumpeter, J., 91
Schuppe, John Balthasar, 29
Scipio, 53, 58, 143
Scott, W., 111, 117–118, 122, 147
Self-generating equilibrium, 123
Self perfection, 40
Semper Augustus, 26, 41

eighteenth century and, 65, 67
price characterization and, 50, 58, 78
seventeenth century and, 143
tulip collapse and, 62
Senecours, 65
Senegalese Company, 95
Shares. *See* Stock
Shell, K., 130
Short selling, 33–36
Slave trade, 23, 95, 110
Smith, K., 40
Solms-Laubach, H., 30, 62
South Sea Bubble, 3, 12–14
  explanation of, 123–126
  finance operations of, 115–120
  Financial Times on, 10
  fundamentals of, 91–93, 121–122
  IMF on, 10
  Law scheme and, 97, 109–113
  Parliament and, 111–113, 119–120, 122
  preliminary view of, 87–90
  price collapse and, 118–120
  refunding agreement and, 110–111
  slave trade and, 110
  Wall Street Journal and, 128
Spain, 19, 38
  Armada and, 20–21, 77–78
  historical background and, 19–22
  South Sea Bubble and, 110
  West India Company and, 34
Specie, 100–102
Speculation, 35, 130. *See also* Markets
  bubonic plague and, 37–38

Speculation (cont.)
  Dutch economy and, 33, 76–77
  explanation of, 124–126
  irrationality and, 123
  tulipmania and, 36, 43–46, 61–64
Stadholder, 34
Stiglitz, J., 130
Stock prices
  explanation of, 123–126
  Law scheme and, 91–107
  Mississippi fundamentals and, 105–107
  Ponzi scheme and, 87–89
  South Sea Bubble and, 109–120
Stuiver, 44
Sunspots, 130–131
Superintendent, 69, 70
Superintendent Roman, 67
Sweden, 20, 22
Switsers
  eighteenth century and, 65
  price characterization and, 52, 58–59, 80
  seventeenth century and, 143–144

Theories, 124
  about the future, 8
  Greenspan and, 7
  herding and, 6
  Keynesianism and, 6, 14, 106
  Law and, 14, 91–93
  literature and, 129–130
Thirty Years' War, 20, 22, 76
Trade. *See* Markets
Trading in the wind, 34
True Mouth, 134
Tulip bulbs
  common, 79–83
  eighteenth century and, 65–70
  mania interpretation and, 75–83
  market of, 43–47
  modern prices of, 72–73
  nature of, 39–42, 78
  seventeenth century and, 133–144
  trading practices of, 44–46
Tulipmania. *See* Dutch tulipmania
Tulpa Meerman, 63
Turkey, 25
Twelve Years' Truce, 19–20

van Damme, A., 31, 37–38, 63
  eighteenth-century tulips and, 65–66
van Damme, J., 63, 146
van der Groen, 65
van Horne, J., 131
van Slogteren, E., 41–42
Ventures
  bubbles and, 87–89
  chain letters and, 90
  Law and, 14, 91–113, 121–122
Verspreijt, 63
Viceroy, 41, 57–58, 83, 144
Vroege Bleyenberger, 65
Vroege Branston, 63

Wall Street Journal, 128
Wassenaer, 62
West India Company. *See* Dutch West India Company
Wilson, C. H., 20, 75, 145
Windhandel, 34
Wine money, 44, 77

Wisselbank, 33
Witte Croonen
　post collapse and, 63–64
　price characterization and,
　　58–59, 79–80
　seventeenth century and, 144
*World Economic Outlook/Capital
　Markets Interim Report*, 10

Zomerschoon, 41, 144